내 **몸** 사용안내서

지은이_ 게리 토마스 | 옮긴이_ 윤종석 | 만든이_ 김혜정 | 함께만든이_ 김건주
마케팅_ 윤여근, 정은희 | 표지디자인_ 디자인 채이
초판1쇄 펴낸날_ 2013년 2월 25일 | 초판3쇄 펴낸날_ 2013년 4월 29일

펴낸곳_ 도서출판 CUP | 등록번호_ 제22-1904호
(140-909) 서울특별시 용산구 이촌2동 212-4 한강르네상스빌 A동 102호
T.(02)745-7231 | www.cupbooks.com | cup21th@hanmail.net

총판_ 국제제자훈련원 | 마케팅_ 김겸성, 송상헌, 박형은, 오주영
T.(02)3489-4300 | T.(02)3489-4329

Originally published in the U.S.A. under the title *Every Body Matters*
Copyright ⓒ 2011 by Gary Thomas
Translation copyright ⓒ 2013 by Gary Thomas
Translated by James Jongsuk Yoon
Published by permission of Zondervan, Grand Rapids, Michigan
All rights reserved.

Translated and used by the permission of Zondervan
through the arrangement of rMaeng2, Seoul, Korea.
Korean edition ⓒ 2013 by CUP, Seoul, Korea.

본 저작물의 한국어판 저작권은 알맹2를 통해 Zondervan사와 독점 계약한 도서출판 CUP에 있습니다.
신저작권법에 의하여 한국 내에서 보호 받는 저작물이므로 무단 전재와 무단 복제를 금합니다.

값 11,000원
ISBN 978-89-88042-61-8 03230   Printed in Korea.

잘못된 책은 언제든지 교환해 드립니다.
독자 여러분의 의견을 기다립니다.

내 몸 사용 안내서

Every Body Matters

게리 토마스 지음 | 윤종석 옮김

CUP

Every Body Matters

Strengthening Your Body to Strengthen Your Soul

Gary Thomas

나의 달리기 동지였던 밥 마블과 토리 링블룸에게 이 책을 바친다.

추천의 글

에드 영_ 텍사스 주 휴스턴 제이침례교회 담임목사

이 책에서 게리 토마스는 우리의 몸이 정말 주님의 성전임을 일깨워 준다. 성전인 우리 몸을 존중하고 건강하게 가꿀 때 우리의 영성도 성장할 수 있다. 육체가 단련되어 있지 않은 사람은 육체가 병들기 쉽고, 영혼이 단련되어 있지 않은 사람은 영혼이 병들 수 있다. 물론 선천적으로 몸에 제약이 있는 사람들도 있지만, 오랜 세월 건강에 해로운 생활 방식 때문에 몸이 약해지는 사람들이 많다. 게리는 자신의 말을 몸과 마음으로 실천하는 사람이다. 이 책은 실제적이면서도 감화력이 있어 많은 사람들에게 큰 도움을 주리라 생각한다.

라이언 홀_ 장거리 주자, 하프마라톤 미국 기록 보유자

이 책을 쓴 게리에게 찬사를 보낸다. 꼭 써야 할 책이고 그리스도인들이 꼭 읽어야 할 책이다. 성경은 그리스도인의 몸이 성전이라고 가르친다. 나는 이 책의 메시지에 깊이 공감하며 강한 감동을 받았다. 가장 강하게 와 닿는 부분은 몸을 돌보아야 하는 동기다. 우리는 하나님과 자신을 위해서만 아니라 다른 사람들을 위해서도 몸을 잘 관리해야 한다. 나는 달리기를 하면서 그것을 실감하곤 하는데, 다른 사람들을 마음에 품고서 훈련하거나 달릴 때면 나 자신을 위해서 달릴 때보다 늘 결과가 더 좋게 나온다. 이 책에는 우리가 몸으로 하나님을 영화롭게 하는 방법이 실제적으로 잘 제시되어 있다.

차례

1부 끝까지 완주하는 **건강**을 지니자

- 01 13_ 은처럼 단련된 영혼
- 02 33_ 하나님이 지어 주신 몸
- 03 49_ 끝까지 완주하는 건강을 지니자
- 04 65_ 예수님이라면 다이어트 하실까?
- 05 81_ 불공정한 싸움 : 보여지는 것에 속지 말라

2부 골골 80세 No! **팔팔** 100세 Yes!

- 06 95_ 비만은 죄인가? 식탐이 죄인가?
- 07 113_ 비만은 전염성이 있다
- 08 127_ 게으름, 영성의 숨통을 죄다
- 09 141_ 골골 80세 No! 팔팔 100세 Yes!
- 10 153_ 근육질 기독교에서 배우는 교훈

몸으로 하나님께 영광 돌리다 3부

11 136킬로그램의 목사, 몸으로 하나님께 영광 돌리다 _169

12 더 튼튼한 몸이 필요한 시대 _185

13 건강한 몸을 만드는 실제적인 방법 _199

14 습관을 공격하라 : 위대한 경주에서 승리하는 방법 _213

15 최후의 그리스도인 : 쓰시기에 합당하게 준비하라 _239

맺는말 | 하나님이 함께 하시니 꿈을 크게 가지라 _253

감사의 말 _259

주 _261

끝까지 완주하는 건강을 지니자

1부

01. 은처럼 단련된 **영혼**

누구나 마크 로드의 다음 이야기에 공감할 것이다.

"개인적 훈련에 관한 한 나는 뿌듯한 성공과 비참한 실패 사이의 도가니 속에서 살아가고 있습니다."

마크는 계속해서 말했다.

"체중 때문에 늘 고생하고 있어요. 단 것이나 패스트푸드를 밝히는 해로운 습성과 싸우느라 정말 힘이 들어요. 체질을 건강하게 개선해야 하는데, 그런 자제력을 터득하거나 통달한다는 게 쉽지 않아요. 내 체중은 분명히 기준 이상이에요. 살 좀 뺐으면 좋겠습니다."

마크는 50대 초반이다. 월드비전 인터내셔널의 국장이다. 예전에는 광고업에 종사했다. 지난번 출장 때만 해도 마크는 연속 스물네 끼를 식당에서 먹었다. 우리처럼 마크도 건강에 관한 나쁜 습관 때문에 고민하고 있으며, 늘 패배감을 안고 살아가고 있다. 체중을 줄이기 위해 더 노력해야 하고, 더 잘해야 하고, 더 단련해야 한다는 부담이 떠나지 않는다.

지금 당신의 나이는 20대나 30대나 40대일 수도 있고, 50대나 60대나 70대나 그 이상일 수도 있다. 하지만 나이와 관계없이 당신이 몸을 지닌 존재인 것만은 분명하다. 몸은 영혼을 담고 있을 뿐 아니라 영혼에 **영향**을 미친다. 우리는 천사가 아니다. 우리는 몸이라는 외피 없이 하나님을 추구하는 존재가 아니다. 육체의 상태가 영혼의 상태에 아무런 영향도 미치지 않는 것처럼 살아간다면, 우리는 세상의 어떤 정통한 교리로도 구제 불능이다. 우리는 하나님의 임재에 점점 둔감해질 것이다. 마음을 담고 있는 물리적 집이 망가지면 평생의 남은 사역도 물거품이 되고 만다.

마크는 그것을 너무나 잘 알고 있다. 하나님을 추구하고, 섬기고, 알기 원하지만, 몸이 영혼에 맞서 싸울 때가 많다. 그것은 전형적인 인간의 모습이다.

어쩌면 우리는 몸도 영혼도 해이해졌는지 모른다. 나와 마크처럼 그 점을 인식하고 있는 그리스도인들이 있다. 이 책은 바로 그들을 위한 것이다. 우리는 육과 영의 연관성을 본능적으로 어렴풋이 느끼고 있지만, 그 진리를 자신에게 적용하기가 싫어서 적당히 무시할 때가 많다.

평소 우리는 영혼의 성장만을 강조해 왔다. 그러다 보니 훈련되지 않은 몸이 영적 성장을 더디게 하거나 심지어 해칠 수 있음을 깨닫지 못할 때가 있다. 영혼에 집중하는 것이 우리의 사고방식의 '기본값'인 만큼, 지금부터 건강한 영혼이란 어떤 것인가부터 살펴보기로 하자. 그다음 같은 맥락에서, 몸을 거의 무시하면서 영혼을 가꾼다는 것이 얼마나 어려운 일인지 살펴볼 것이다.

은처럼 단련된 영혼

흔히 '금처럼 단련된 심장'을 원한다고들 말한다. 적절하고 생생한 은유다. 하지만 나는 여기에 하나를 덧붙이고 싶다. 바로 '은처럼 단련된 영혼'이다. 은처럼 단련된 영혼이란 하나님의 만지심을 입은 영혼, 힘들고 혹독한 제련 과정을 거쳐 정화되고 연단되고 아름다워진 영혼을 말한다.

은은 금보다 단단할 뿐 아니라 모든 금속 중에서 열전도율이 가장 높은 장점까지 지니고 있다. 은이 금보다 약간 더 단단하다 보니 일단 두드려 일정한 모양을 만들면 그대로 잘 유지되는 경향이 있다.(물론 처음에 모양을 잡을 때 훨씬 강한 힘이 요구된다.) 우리의 목표가 하나님의 임재를 전도傳導하는 것이라면, 즉 사람들의 호감을 사는 것이 아니라 사람들과 하나님을 이어 주는 통로가 되는 것이라면 그 은유로 은보다 더 적절한 금속은 없을 것이다.

성경에는 은을 만드는 과정이 인격 단련의 은유로 즐겨 사용된다. 일단 성경은 우리의 상태가 정상이 아니라는 데서부터 시작한다. 우리의 영혼은 불순물이 잔뜩 끼어 더러워진 상태다. 그래서 하나님은 은장색^{금, 은, 구리 따위의 세공을 업으로 하는 사람}이 귀금속의 원료를 다루듯이 우리의 영혼을 다루신다.

하나님이여, 주께서 우리를 시험하시되
우리를 단련하시기를 은을 단련함 같이 하셨으며
우리를 끌어 그물에 걸리게 하시며
어려운 짐을 우리 허리에 매어 두셨으며
사람들이 우리 머리를 타고 가게 하셨나이다.
우리가 불과 물을 통과하였더니
주께서 우리를 끌어내사 풍부한 곳에 들이셨나이다 시 66:10~12.

단련의 과정은 거칠지만, 우리를 '풍부한 곳'으로 데려가는 아름다운 과정이다. 그렇게 되기까지 은장색은 은에게 듣기 좋고 편안한 말만 하는 게 아니다. 모양을 빚을 때 살살 주무르는 것도 아니다. 오히려 은을 불 속에 넣는다. 의도하는 결과가 나올 때까지 망치로 치고 때린다.

성경은 하나님도 자기 백성에게 그렇게 하신다고 선포하고 있다. 스가라 13장 9절을 생각해 보라. "내가 그 삼분의 일을 불 가운데에 던져 은 같이 연단하며 금 같이 시험할 것이라." 말라기 3장 3절도 있다. "그가 은을 연단하여 깨끗하게 하는 자 같이 앉아서 레위 자손을 깨끗하게 하되 금, 은 같이 그들을 연단하리니."

연단 과정은 더할 나위 없이 혹독하다. 목표는 은처럼 정화되고 단련되어 하나님을 섬기는 것이다.

> 큰 집에는 금 그릇과 은 그릇뿐 아니라 나무 그릇과 질그릇도 있어 귀하게 쓰는 것도 있고 천하게 쓰는 것도 있나니 그러므로 누구든지 이런 것에서 자기를 깨끗하게 하면 귀히 쓰는 그릇이 되어 거룩하고 주인의 쓰심에 합당하며 모든 선한 일에 준비함이 되리라 딤후 2:20-21.

내가 신체적으로 건강해지려는 이유는 누구의 호감을 사거나, 남을 열등감에 빠뜨리거나, 내 훈련과 자제력을 과시하기 위해서가 아니다. 내가 하나님의 교회가 건강해지기를 간절히 바라는 이유도 마찬가지다. 오히려 그 이유는 바울의 말처럼 "귀히 쓰는 그릇이 되어 거룩하고 주인의 쓰심에 합당하며 모든 선한 일에 준비함이 되"기 위해서다.

디모데후서 2장 20~21절 말씀을 다시 한 번 천천히 읽어 보라. 육의 건강과 영의 건강의 연관성을 가르치고 있다. 그러므로 세상이 아무리

타락한 곳일지라도 우리의 동기는 최대한 순수해야 한다. 우리는 다음과 같이 되도록 부름 받았다.

- 귀히 쓰는 그릇이 된다.
- 거룩하게 된다.
- 주인의 쓰심에 합당하게 된다.
- 모든 선한 일에 준비함이 된다.

영혼이 은처럼 단련되려면 몸을 장식품처럼 대하는 태도를 버려야 한다. 몸 만들기를 하는 사람들에게서 흔히 볼 수 있는 교만과 야망 같은 잘못된 동기는 모두 버려야 한다. 대신 우리는 몸을 그릇으로, 즉 하나님을 섬기기 위해 구별된 도구로 대해야 한다. 애초에 몸을 지으신 분은 하나님이시다. 몸이 강하든 약하든, 건강하든 병들었든, 영양이 과하든 부족하든 관계없다. 좀 더 의지적으로, 도구의 본분을 다하는 몸을 길러야 한다. 그렇다면 현 상태에서 거기로 옮겨가려면 어떻게 시작해야 할까?

불순물

내가 다니던 헬스클럽 접수대에는 두 덩이의 실리콘이 전시되어 있었다. 하나는 2.5킬로그램이었고 또 하나는 5킬로그램이었다. 두 덩이의 실리콘은 시각적인 방식으로 우리에게 이렇게 말하고 있었다.

"이것이 너의 몸에 붙어 있는 군살이다. 손으로 들어 그 무게를 느껴보라."

몸이 군살 때문에 무거워지듯 영혼에도 불순물이 낀다. 은장색이 은을 만들려면 은에 들러붙어 있는 불순물을 제거해야 한다. 불순물은 은을 덮고 있는 찌꺼기나 다른 화학 원소다. 그것을 없애야 제련된 은이 나온다. 은은 우리가 **만들어내는** 게 아니라 제련 과정을 거쳐 **분리해내는** 것이다. 중요한 것에서 하찮은 것을 떼어내는 것이다.

성경의 저자들도 그 이미지를 즐겨 사용했다. 불순물은 어느 시대에나 있다. 그 찌꺼기 때문에 우리는 환하게 빛을 발하지 못하고, 주인의 쓰심에 합당하지 못하며, 모든 선한 일에 준비함이 되지 못한다. 수천 년 전에 이사야는 "네 은은 찌꺼기가 되었고"[사 1:22]라고 경고했다.

에스겔도 이렇게 예언했다.

"인자야, 이스라엘 족속이 내게 찌꺼기가 되었나니 곧 풀무 불 가운데에 있는 놋이나 주석이나 쇠나 납이며 은의 찌꺼기로다"[겔 22:18].

잠언의 현자는 거기에 필요한 조치를 이렇게 설명했다. "은에서 찌꺼기를 제하라 그리하면 장색의 쓸 만한 그릇이 나올 것이요"[잠 25:4].

하나님이 우리 영혼에서 귀금속이 아닌 주석이나 쇠나 납을 제해 주셔야 한다. 그래야 은이 최고의 진가를 발할 수 있다. 하찮은 것들이 우리를 녹슬게 해 하나님 임재의 전도체가 되지 못하게 하고 있다. 하나님이 그런 것들로부터 우리를 분리해내셔야 한다. 이를테면 기도 골방으로 가야 할 때 우리는 냉장고로 간다. 하나님께 가야 할 때 아이스크림에서 위안을 찾는다. 사랑하는 사람과 힘들지만, 꼭 필요한 대화를 나누어야 할 때 간식과 사랑을 나눈다. 우리는 마치 시간이 없어 하나님이 주신 하나뿐인 몸을 돌보지 못하는 척하지만, 사실은 그냥 게을러진 것 뿐이다.

연단 과정은 때때로 혹독하고 버겁게 느껴진다. 연단 과정과 그에 따른 죄의 자각을 미리 경고해 주지 않는다면, 사람들은 그것을 사탄의 공격으로 보고 거부하거나 하나님의 공격으로 보고 원망할 것이다.

자신의 불순물에 대해 우리는 하나님과 똑같은 태도를 보여야 한다. 불순물을 제하려는 단호한 의지를 품어야 한다. 고린도전서에 나타난 바울의 태도를 생각해 보라.

운동장에서 달음질하는 자들이 다 달릴지라도 오직 상을 받는 사람은 한 사람인 줄을 너희가 알지 못하느냐. 너희도 상을 받도록 이와 같이 달음질하라. 이기기를 다투는 자마다 모든 일에 절제하나니 그들은 썩을 승리자의 관을 얻고자 하되 우리는 썩지 아니할 것을 얻고자 하노라. 그러므로 나는 달음질하기를 향방 없는 것 같이 아니하고 싸우기를 허공을 치는 것 같이 아니하며 내가 내 몸을 쳐 복종하게 함은 내가 남에게 전파한 후에 자신이 도리어 버림을 당할까 두려워함이로다 고전 9:24~27.

하나님이 바울을 감화하여 이 글을 쓰게 하신 목적이 무엇이라 생각하는가? 바울을 도달할 수 없는 높은 이상理想으로 칭송하고 떠받들게 하기 위함인가? 바울은 특별히 거룩한 사람들 외에는 무시해도 되는 이상적 존재인가? 아니면 **모든 그리스도인**이 감동을 받아 바울의 태도를 본받게 하기 위함인가?

바울은 거룩하고 주인의 쓰심에 합당하며 모든 선한 일에 준비함이 되려는 열정이 대단했다. 그래서 기꺼이 "내 몸을 쳐 복종하게" 하면서까지 그렇게 되려고 했다. 언뜻 보면 이 말은 별로 위안이 되지 않는다. 차라리 하나님이 이렇게 말씀하시면 더 좋을 것이다. "걱정할 것 없단다. 너는 거룩함을 추구하지 않아도 돼. 내 쓰임에 합당하지 못하거나 모든 선한 일에 준비되지 않아도 괜찮단다. 나는 너를 있는 그대로 사랑한단다. 너는 향방 없이 달리거나 아예 달리지 않아도 돼. 그건 나에게 별로 중요하지 않단다. 내가 너를 여전히 사랑할 것이니 너는 그대로 괜찮단다."

은혜 때문에 거룩함에 덜 진지해져도 된다고 생각한다면, 그것은 은혜를 완전히 오해한 것이다. 바울이 디도에게 한 말을 생각해 보라.

모든 사람에게 구원을 주시는 하나님의 은혜가 나타나 우리를 양육하시되 경건하지 않은 것과 이 세상 정욕을 다 버리고 신중함과 의로움과 경건함으로 이 세상에 살고 복스러운 소망과 우리의 크신 하나님 구주 예수 그리스도의 영광이 나타나심을 기다리게 하셨으니 딛 2:11~13.

너무 힘들고 실패를 거듭했다는 이유로, 건강하지 못한 생활 습성에 계속 굴하고 포기하는 것은 은혜가 아니다. 은혜란 내 육체와 영혼이 하나님을 영화롭게 하든 말든 상관없이 그냥 그분의 사랑 안에서 쉬는 것도 아니다. 은혜가 그런 것이라면, 왜 바울이 데살로니가 교인들에게 "하나님께 합당히 행하"라고 살전 2:12 했겠는가? 왜 골로새 교인들을 위해 기도하기를, 그들에게 하나님의 뜻을 아는 지식을 충만하게 하셔서 "주께 합당하게 행하여 범사에 기쁘시게 하고 모든 선한 일에 열매를 맺게 하시"도록 골 1:10 구했겠는가? 에베소 교인들에게도 그는 "내가 너희를 권하노니 너희가 부르심을 받은 일에 합당하게 행하"라고 엡 4:1 썼다. 빌립보 교인들에게는 "오직 너희는 그리스도의 복음에 합당하게 생활하라" 빌 1:27 고 했다.

바울은 그리스도께서 우리를 조건 없이 받아 주셨음을 분명히 밝혔다.

하지만 동시에 그는 우리에게, 그리스도의 이름으로 불리는 사람답게 고귀한 소명에 합당하게 살라고 권면한다. 노력이 은혜의 적이 아니라 은혜의 열매라는 것이다.^{고전 9:27, 빌 2:12~13, 벧후 1:5} 하나님을 섬기도록 부름 받는 것은 영광스러운 초대다. 우리는 거기에 매료되어 열심히 동참해야 한다. 에드 영 박사도 바울처럼 균형 잡힌 접근을 보여 준다. "세상의 일반적 통념과 반대로 선행은 사람을 구원하지 못한다. 그러나 많은 그리스도인의 생각과 반대로 선행은 우리가 구원받은 주된 목적이다."[1]

바울이 젊은 디모데에게 의와 경건을 "추구하라"^{딤전 6:11, NIV}고 권한 것을 잊지 말자. 무언가를 추구하라는 말은 능동적인 여정에 오르라는 말이다. 그런 추구가 없이 목적지에 도달할 수 없다는 뜻이다. 진정한 그리스도인의 삶은 진지하게 거룩함을 추구하는 삶이고, 그리스도인으로서 "주인의 쓰심에 합당하며 모든 선한 일에 준비함이" 되고자 열심히 노력하는 삶이다.

내 경우, 신체의 단련은 주로 **동기**의 문제다. 충실한 청지기가 되어 몸을 건강하게 가꾸는 **방법**이야 누구나 알고 있다. 물론 몇 가지 유익한 요령을 배울 수는 있지만, 대체로 먹는 양을 줄이고 운동을 늘려야 함을 모두 알고 있다. 게다가 건강해지고 싶은 마음은 누구에게나 있다. 그런데 우리의 동기가 따라가지 못한다.

나는 결혼 생활을 보는 관점을 바꾸고부터 아내와 연합하려는 동기가 새로워졌다. 결혼 생활을 행복보다는 거룩함을 추구하는 장으로 보기 시작하자 거기서 지속적인 동기가 생겨났고, 그래서 꾸준히 부부 사이에 더 깊은 친밀함을 추구하게 되었다. 마찬가지로 내 몸을 하나님을 섬기는 도구로 보면 거기서 새로운 동기가 생겨나, 욕망과 게으름에 맞서 몸을 더 잘 관리할 수 있다.

자신이 지금 달음질하고 있음을 망각하면 연단 받을 동기가 없어진다. 선을 행하려는 열정을 잃으면 선한 일에 준비되고 거룩해져야 할 동기도 잃고 만다. 그러면 우리는 바울처럼 집요해질 수 없다. 바울은 필요하다면 자신의 몸을 쳐서라도 전력을 다해 싸우겠노라고 고백했다.

건강을 진지하게 대하지 않는 그리스도인은 자신의 사명을 진지하게 대하지 않는 것이다. 자신의 행동으로 "내 삶은 별로 중요하지 않다"라고 말하는 것이다. 하지만 하나님은 모든 회개한 죄인의 삶 속에서 강력하게 역사하실 수 있다. 그래서 모든 사람의 몸은 **정말** 중요하다.

❀ 변색된 은

과거에는 주목받았으나 지금은 대체로 무시되고 있는 두 가지 불순물이 있다. 하나는 모든 형태의 과식이고, 또 하나는 몸 관리에 대한 게으름이다. 고대에는 이 두 장애물을 **식탐**과 **나태**라 불렀다.

성장기에 나는 이 둘에 대해 가르치는 교사를 만난 적이 없다. 건강하지 못한 몸이 어떻게 중대한 영적 이슈가 될 수 있는지도 마찬가지다. 그래서 나는 식탐과 나태가 어떻게 내 발목을 붙잡을 수 있는지 생각해 본 적이 없다. 영성 고전에서 그런 내용을 접하고 나서야 비로소 성경에도 그것이 언급되어 있음을 알게 되었다. 그러고 나서도 식탐과 나태가 내 영혼에 부정적 영향을 미치고 있음을 하나님이 부드럽게 지적해 주시는 데는 다시 10년이 걸렸다. 나는 두 가지 모두에 실패하고 있었다. 그것이 나를 '지옥으로 보낸' 것은 아니지만, 주인의 쓰심에 합당하지 못하고 모든 선한 일에 준비되지 못하게 한 것만은 **분명**하다.

이 책의 주제는 결코 '거룩한' 몸매를 얻는 것이 아니다. 이 책의 주제는 몸을 특정 사이즈의 바지에 맞추는 것이 아니라 **영혼**을 은처럼 단련하는 것이다. 건강한 몸을 말하면서 그보다 못한 이유를 제시하는 사람들도 많이 있다. 이를테면 오래 살려고 하지만 삶에 목적과 열정이 없을 수 있다, 젊어 보이려고 하지만 그들도 매일 노화하고 있다, 더 매력 있어 보이려고 하지만 하나님의 섭리로 몸은 쇠해간다, 건강한 몸을 누리려고 하지만 몸이 건강한 사람들도 암이나 심장질환으로 죽기는 마찬가지다 등이다. 세상은 이런 동기에 집착한다. 물론 거기에도 어느 정도 가치가 있을 수 있으나 영원한 가치는 별로 없다.

사도 바울은 훨씬 우월한 동기를 내놓는다. 우리가 성장하려고 진지하게 노력하는 동기는 "귀히 쓰는 그릇이 되어 거룩하고 주인의 쓰심에 합당하며 모든 선한 일에 준비함이 되기" 위해서다. 이것이 디모데를 위한 바울의 기도이자 우리를 향한 하나님의 소원이다. 내게는 그것이 무거운 의무나 버거운 명령으로 들리지 않는다. 오히려 인간이 상상할 수 있는 가장 놀라운 삶으로 들린다.

그것은 해방이다! 반면 과식과 방종은 박탈을 낳는다. 부득이한 이유에서가 아니라 자신의 선택으로 건강을 잃는 것은 사이비 실존이다. 충실한 청지기가 되어 몸을 돌보는 삶은 참으로 축복이며 값진 생활 방식이다. 말 그대로 살맛 나는 삶이다.

자전거를 통한 싸움

앞서 말했듯이 마크 로드는 과식과 싸운다는 점에서 전형적인 인간이다. 하지만 그에게는 전형적이지 **않은** 부분이 있다. 장거리 사이클 행사에 참가하는 그의 열정이다. 점잖게 장거리라고 표현했지만, 사실은 완전히 미쳤다고 해야 맞다. 현재 마크가 훈련 중인 코스는 시애틀에서 스포캔까지다. 서부에 살아 본 사람은 알겠지만, 시애틀에서 스포캔까지 최단 거리로 가려면 캐스케이드 산맥을 넘어야 한다. 이 산맥은 동부 사람들이 알고 있는 블루리지 산맥과는 차원이 다르다. 꼭대기로 올라가면 산소가 희박해진다.

거리는 장장 457킬로미터다^{도로원표 기준으로 서울에서 부산까지 거리가 456킬로미터다}. 보스턴에서 필라델피아까지의 거리보다는 약간 짧지만, 워싱턴 DC에서 뉴욕 시까지 가는 길보다는 꽤 먼 거리다. 고도도 자그마치 3,650미터에 달한다. 게다가 **하루**만에 주파하는 것이 목표다. 지원한 사람이 서른 명밖에 안 된다는 말을 듣고 나는 아직도 세상에 제정신인 사람들이 많이 있음을 확인했다.

하지만 과식하거나 나쁜 음식을 먹는 마크의 성향은 자전거 훈련으로도 고쳐지지 않았다. 바로 그게 그의 고민이었다. 사실 고민이 하나 더 있다. 그것은 이런 싸움에 대한 말을 설교 중에는 거의 들을 수 없다는 사실이다. 그는 이렇게 말한다.

"복음주의 전통에서 우리는 간음, 거짓말, 도둑질, 탐심, 정욕, 술, 담배, 마약 등에 대해서는 늘 배웠습니다. 하지만 그런 것들이 나쁘다고 설교하는 복음주의 목사 중에 눈에 띄게 과체중이거나 비만인 사람들이 있습니다. 나도 똑같은 문제로 씨름하고 있으니 그들을 비판하려고 하는 말은 아닙니다. 그래도 의문이 들 때가 있습니다. 그들은 온라인 포르노는 정복했을지 모르지만, 대신 음식을 진통제로 쓰고 있는 것 같습니다. 나도 똑같이 하고 있기 때문에 이해가 됩니다."

마크가 장거리 사이클 행사에 단골로 참가하는 것도 바로 그 싸움 때문이다. "내 경우는 이런 행사에 참가함으로써 유혹에 정면으로 도전하는 셈입니다. 내 약점에 맞서 싸우고자 선택한 길입니다."

마크는 키가 195센티미터이므로 웬만한 사람들보다 군살을 쉽게 감출 수 있다. 게다가 장거리로 자전거를 자주 타기 때문에 여분의 열량^{칼로리, calorie}도 수시로 연소시킬 수 있다. 하지만 그가 관건으로 삼는 것은 거울 속에 비치는 외모가 아니라 영적인 문제다. 마크의 삶을 이끄는 것은 고린도후서 12장 9절 말씀이다.

"내 능력이 약한 데서 온전하여짐이라."

이 말씀을 마크는 그의 식생활과 개인적 훈련에 적용하였다.

"내가 지구력을 요구하는 장거리 사이클 행사에 애써서 참가하는 이유는 바로 그 말씀 때문입니다. 나는 약하고 깨어진 존재입니다. 나의 죄는 특히 훈련 부족과 식탐입니다. 자전거 타기는 내 부족한 부분에 대응하기 위한 신체적 방법입니다. 하나님이 그분의 능력으로 채워 주십니다."

마크는 늘 하나님의 은혜를 받아 그 은혜로 살아가고 있다. 하지만 그도 나처럼 매번 깨닫는 사실이 있다. 참된 은혜는 노력을 불필요하게 만드는 게 아니라 오히려 노력의 동기와 동력이 된다는 사실이다. 이 지속적인 싸움^{완전한 승리란 없다는 의미에서}을 마크는 선한 싸움, 영혼을 빚어내는 가치 있는 싸움으로 여기고 있다. 물론 천국에 가기 전에는 아무도 이런 씨름으로부터 완전히 해방될 수 없다. 그것이 냉엄한 현실이다. 그래도 계속 싸우면 몸의 건강은 물론 영혼에도 엄청난 유익이 찾아온다.

마크처럼 우리도 그동안 방치됐던 이 문제에 대응할 방법이 있지 않을까? 우리도 하나님이 각자의 영혼을 연단하시는 과정에 더 적극 동참하여, 주인의 쓰심에 더 합당하게 되고, 더 많은 선행에 더 잘 준비될 수 있지 않을까? 그러한 도전을 몸으로 실천함으로써, 영혼을 더 열심히 가꾸어야 할 필요성을 깨달을 수 있지 않을까?

건강에 대한 우리의 동기는 하나님의 수용이나 은총을 얻어내려는 것이 아니다. 그것이라면 그리스도께서 이미 다 해결하셨다. 우리의 동기는 분명한 초점과 목적과 열정을 가지고 달음질하려는 것이다.

나는 이걸 매우 통찰력 있고 위트있게 전하고 싶은데, 필력의 한계를 느낀다. 위트도 좀 더 있었으면 한다. 하지만 내가 이번 작업에 조금이라도 성공한다면, 이 가르침은 우리에게 버거운 짐이 아니라 **해방감**을 가져다줄 것이다. 하나님이 버리라고 하시는 것들, 우리를 대적하여 싸우는 유혹을 극복해 보자. 그런 것들은 우리를 비참하게 만들 뿐 아니라 상상을 초월하는 깊은 기쁨을 앗아간다. 참된 '풍부한 곳'에 들어가지 못하게 한다. 성경과 기독교 고전이 그렇게 증언하고 있다.

한 번 더 생각해 보기

1. 현재 당신의 건강 수준과 활동 수준은 하나님을 영화롭게 하고 있는가? 아니면 이 부분에서 당신은 더 좋은 청지기가 될 여지가 있는가? 이와 관련하여 최근 몇 년 동안 당신의 가장 큰 어려움은 무엇이었는가?

2. 교회가 식탐과 나태의 죄에 대해 이토록 침묵하는 이유가 무엇이라고 보는가? 이런 침묵의 결과는 무엇인가? 침묵을 깨뜨리면 위험해질 수 있는가? 만일 그렇다면, 그런 위험을 어떻게 예방할 수 있겠는가?

3. 디모데후서 2장 20~21절에 나오는 네 가지 요소 중 당신에게 가장 직접적으로 와 닿는 것은 무엇인가?
   - 귀히 쓰는 그릇이 된다.
   - 거룩하게 된다.
   - 주인의 쓰심에 합당하게 된다.
   - 모든 선한 일에 준비함이 된다.

   당신의 영적 여정을 이러한 맥락에 비추어 되돌아보라. 그 중 당신의 삶에 이루기 힘들었던 요소는 무엇인가?

4. 저자는 우리의 몸을 장식품이 아니라 도구로 대해야 한다고 말한다. 몸을 도구로 보면 건강을 돌보려는 동기가 어떻게 달라질 수 있는가? 현재의 몸 상태를 평가하는 방식에는 어떤 영향을 미치겠는가?

5. 저자는 "건강을 진지하게 대하지 않는 그리스도인은 자신의 사명을 진지하게 대하지 않는 것이다"라고 말한다. 해이한 생활 방식 때문에 건강이 악화되어 사역이 일찍 중단된 사람들이 있다. 이를 통해 무엇을 배울 수 있는가?

02. 하나님이 지어 주신 몸

잘 알려진 옛 동요에 이런 가사가 있다.

"처음에는 사랑, 다음에는 결혼, 다음에는 아기, 유모차의 아기!" 많은 여자가 말하듯이 아기를 낳고 나면 몸에 5~10킬로그램의 군살이 붙는다. 그 살을 빼려면 15년이 걸릴 수도 있다.

캐런 예이츠도 첫 두 아이를 낳고 체중이 늘었다. 하지만 정말 정신이 번쩍 든 것은 셋째 아이가 집에 온 이후였다. 셋째는 입양아였는데도 캐런의 몸무게가 계속 불어났던 것이다. 입양의 장점 중 하나는 엄마가 살이 찌지 않고도 새 아이를 얻을 수 있다는 것이다. 하지만 캐런의 경우는 달랐다.

"영적으로 힘든 시간이었어요. 입양 과정이 쉽지 않아 스트레스가 많았고, 그럴수록 자꾸 더 먹게 되었죠."

드디어 캐런과 남편 커티스의 집에 에티오피아 출신의 어린 대니얼이 들어왔다. 그때부터 어린 세 자녀를 돌보는 일은 캐런에게 가히 충격적이었다.

"세상이 아주 작게 느껴졌어요. 집이 감옥처럼 답답했어요. 온 식구들의 뒤치다꺼리를 하느라 정작 나 자신은 존재하지 않는 것 같았어요. 물론 내가 사랑받고 있음을 알고 있었지만, 어차피 젊은 엄마는 어린 자녀에게 모든 것을 쏟아 붓잖아요. 그만큼 아이들에게 손이 많이 가죠. 그러느라 나 자신을 돌보지 못했어요."

캐런은 산후에 찐 살이 빠지기는 고사하고 오히려 살이 더 쪘다, 그럴수록 자신이 더 초라하게 느껴졌다. 영적 식단도 별로 건강하지 못했다.

"폭식한 후에 구토하는 식생활 장애처럼, 이 경우도 마찬가지였어요. 일주일은 말씀과 기도에 푹 빠졌어요. 하나님을 첫 자리에 모시고 그분과 바른 관계로 살려는 각오가 대단했죠. 밤중에 보채는 아기들을 돌보느라 몇 번이나 잠을 깼는데도 새벽 5시 반에 일어났어요. 하지만 어쩔 수 없이 누가 감기에라도 걸리면 다시 생활이 엉망이 되었죠. 경건의 시간은 일주일 동안 자취를 감추어 버렸어요."

이렇게 몇 달 동안 육적, 영적 시소 타기를 계속하다가 캐런은 문득 거울을 보았다.

"매력이 없어 보였어요. 남편에게 예뻐 보이거나 눈길을 끌 것 같지 않았죠. 나는 커티스의 여자 친구가 아니라 후줄근한 차림의 아줌마였고 아이 엄마일 뿐이었어요. 남편이 나한테 그런 기분이 들게 한 게 아니라 내가 보기에 그랬어요."

자신이 초라하게 느껴질수록 경건의 시간도 은혜가 떨어졌다. 아울러 남편에게 접근하는 일도 뜸해졌고, 아이들을 상대하는 일도 힘에 부쳤다.

이런 무기력한 상태에서 캐런을 건져낸 요소가 무엇인지 알면 일부 그리스도인들은 깜짝 놀랄 수 있다. 그 해법은 잠시 후에 밝히기로 하고, 우선 목사들과 상담자들이 흔히 캐런의 해법을 고려조차 하지 않는 이유부터 살펴보자.

몸 없는 머리

하나님은 우리에게 영혼뿐 아니라 몸도 함께 주셨다. 온전히 살아 있으려면 몸을 돌보아야 한다. 전인적인 존재가 되려면 몸을 단련해야 한다. 하나님이 창조하신 본연의 인간이 되려면 몸을 하나님을 섬기는 종으로 만들어야 한다.

하나님을 추구하는 일은 영혼이나 정신으로만 되는 일이 아니다. 그렇다면 몸은 기껏해야 무관하거나 최악의 상황에 적이 된다. 앞서 말했듯이 우리는 이런 관점을 경계해야 한다. 물론 기독교에는 현명한 식생활의 유익을 장려하는 장구한 전통이 있다. 하지만 한 역사가의 표현대로 '턱 위쪽으로만' 살아가는 사람들의 전통도 있다. 그들이 중시하는 신체 부위는 머리^{지성, 교리}뿐이며 나머지는 모두 낮은 차원의 추구로 간주한다. 하지만 턱 위쪽으로만 살아가면 육체가 영혼에 미치는 영향을 무시하게 된다.

엘턴 트루블러드^{Elton Trueblood}는 이렇게 썼다.

> 천사는 순전히 영이라서 신체적 욕구가 없지만, 인간은 순전히 영이 아니다. 인간은 육체와 정신과 영혼의 복합체이며, 손발과 머리가 힘을 합해 일한다. 그래서 인간은 여러 가지 유혹을 받는다. 제대로 된 종교라면 이 모든 부분에 마땅히 관심을 둘 것이다.[1]

물론 수영이나 체조가 꾸준한 공부, 기도, 경건의 시간을 대체하지는 못한다. 그러나 게으름과 과식의 굴레를 벗으면, 영혼이 새로운 활력과 의욕과 기쁨으로 하나님을 추구할 수 있다. 건강을 돌보지 않아 쇠약해진 몸은 우리가 벗어야 할 굴레다.

〈크리스채너티 투데이〉의 칼럼니스트인 캐롤린 애런즈는 운동을 꺼리는 자신의 성향을 영적으로 합리화하며 '육의 일' 보다 '영의 일'에 집중했다. 그런데 부모님의 건강이 나빠지면서 그녀는 정신이 번쩍 들어, 그것이 잘못임을 깨달았다. 결국, 그녀의 삶은 몰라보게 달라졌고, 거기서 다음과 같은 결론이 나왔다.

예수님은 우리에게 마음과 목숨과 뜻과 힘을 다하여 하나님을 사랑하라고 하셨다. 그분의 말씀은 고통당하는 자들에게는 위안을 주고, 위안을 누리는 자들에게는 고통을 준다. 마찬가지로 그분의 말씀은 행동이 과한 사람들에게는 가만히 있으라 하고, 지나치게 가만히 있는 사람들에게는 행동을 불러일으킨다. 몸을 지나치게 강조하는 사람들에게는 영혼을 회복시켜 주고, 영혼에만 집중하는 사람들에게는 몸을 구속救贖해 준다.[2]

캐런 예이츠도 영혼에만 집중했다면 '배구 요법'을 놓쳤을지도 모른다.

배구 요법

처음에 캐런을 악순환에서 벗어나게 한 것은 사실 지극히 신체적인 활동이었다. 배구를 다시 시작한 것이다. 처음에는 코트에 서기가 어색했고 몸이 무디어진 기분이었다. 한때 배구 실력이 꽤 좋았던 그녀였지만 막상 널따란 체육관에 들어서자니 당황스러웠다. 하지만 의지적으로 밀고 나갔고, 그 결과는 대단했다.

"체육관에 다닌 지 몇 주 지나고부터 차이가 나타났어요. 설거지나 장보기 같은 가사를 잠시 잊고 아이들과 떨어져, 사람들과 함께 팀 스포츠를 하다 보니 기쁨이 찾아왔죠. 삶의 재미가 되살아났어요."

배구를 하면서부터 마치 어깨의 무거운 짐이 떨어져 나간 듯 삶의 다른 일들에도 활력이 생겼다. 체력도 좀 더 좋아졌고 마음도 좀 더 가벼워졌다. 그래서 캐런은 아침에 아이들과 함께 산책하기 시작했다. 그럴수록 체력이 더 좋아지는 것 같아 한번은 이런 생각이 들었다. "오늘은 좀 더 멀리까지, 좀 더 빨리 걸을 수 있겠어. 속보로 걷는 것도 괜찮을 것 같은데~!" 속보가 간단한 조깅으로 바뀌었고, 다시 본격적인 달리기로 발전했다. 자기 자신에 대한 느낌도 좋아졌다. 그러자 몸의 식생활은 물론 영의 식생활까지 더 훈련하고 싶은 동기와 힘과 의욕이 생겼다.

이것이 핵심이다! 캐런의 식단은 딱히 유해한 음식도 아니었지만 그렇다고 건강식도 아니었다. 그 문제에 대응하면서 캐런은 자신의 **영적** 식단도 재고하게 되었다. 이를테면 그녀가 보던 여러 텔레비전 프로그램은 유난히 나쁘지도 않았지만 그렇다고 유익할 것도 없었다. 운동이 늘면서 잠도 더 잘 자게 되었다. 덕분에 아침에 일어나면 몸이 개운해졌고, 맑은 정신으로 하나님을 만날 수 있었다.

캐런의 이야기에서 내가 특히 좋아하는 부분이 있다. 그것은 육체와 정신과 영혼의 상호 연관성이 분명히 보인다는 점이다. 우리의 몸을 혹사하면 그리스도의 임재에 점차 둔해질 수 있듯이, 몸을 잘 돌보면 그분이 주시려는 은혜를 준비된 상태에서 받을 수 있다.

캐런은 새로 얻은 활력과 자신감 덕분에 식습관을 고칠 수 있었다. 어떤 그리스도인들은 자신감이라면 무조건 부당하게 여긴다. 그것은 의도는 좋지만 잘못된 생각이다. 내가 보기에 그것은 겸손을 오해하고 성경을 잘못 읽은 것이다. 겸손은 패배의식이 아니다. 겸손한 사람은 자신이 하나님께 의존해야만 하는 존재임을 인정하지만, 동시에 예수 그리스도의 임재에 기초한 확실한 소망을 붙든다. 캐런이 엄마로서 행복과 활력을 얻고 경건 생활에 더 잘 훈련된 것은 다분히 새로 얻은 자신감 때문이었다. 나아가 성적 의욕까지 되살아났다. 몸이 건강해지니 당연한 일이었다.

흔히 여자들은 몸의 문제로 대화할 때, 몸을 가꾸는 다른 여자들을 비하하는 경향이 있다. 다른 여자들을 천박하게 여기거나 동기를 나쁘게 본다. 캐런은 그런 험담을 삼가야 한다고 경고한다. 그러면서 대신 운동을 통해 자신감을 기를 것을 권한다. 삶의 다른 부분들에 대응하는 데도 자신감이 필요하다는 것이다. "대부분 여자들은 배우자에게 매력 있는 사람이 되기를 원하죠. 좋은 부모가 되기를 원하고, 최선의 자신이 되기를 원해요. 그러나 최선의 자신이 되려면 열심히 노력하고 훈련해야 하는 것 같아요. 쉬운 일이 아니죠."

아울러 육과 영, 머리와 가슴을 **함께** 돌보아야 한다. 우리는 자칫 어느 한 쪽을 무시하는 우를 범할 수 있다.

참된 훈련

플라톤의 「공화국」에 보면 소크라테스가 제자 글라우콘에게 이렇게 가르치는 장면이 나온다. "알고 있느냐? 다른 것 없이 평생 운동만 하면 특정한 유형의 정신이 형성된다. 반대로 운동을 무시하면 다른 유형의 정신이 형성된다. 전자는 거칠고 미개한 경향이 있고, 후자는 여리고 과민한 경향이 있다."[3]

소크라테스 자신도 아테네군의 보병 출신답게 건장하고 튼튼한 사람이었다. 그는 공부하지 않고 운동만 하거나 운동하지 않고 공부만 하면 반쪽짜리 인간이 된다고 했다. 특히 운동을 전혀 하지 않는 사람은 유약하고 여리고 과민하여, 현실 생활에 맞설 모진 구석이 없다고 했다.

그리스도인이 몸의 운동보다 영적 경건 훈련을 더 강조하는 것은 성경적으로 바람직한 일이다. 성경이 그렇게 가르치고 있다. "육체의 연단은 약간의 유익이 있으나 경건은 범사에 유익하니"[딤전 4:8].

하지만 영적 건강이 더 중요하다고 해서 육적 건강이 전혀 중요하지 않다는 말은 아니다. 육적 건강이 영적 건강과 경건에 아무런 영향을 미치지 않는다는 뜻도 아니다. 에어로빅이라는 단어와 운동을 대중화시킨 케네스 쿠퍼 Kenneth H. Cooper 박사는 "건강하고 강인한 몸이야말로 활기찬 영혼이 살기에 가장 적합한 집이다"[4]라고 역설했다.
18세기의 성공회 작가인 윌리엄 로는 거룩한 생활을 가꾸려면 몸의 단련이 필수라고 말했다.

> 우리는 영이나 육의 어느 하나로만 된 존재가 아니다. 우리의 행동도 영이나 육에서만 비롯되는 것은 하나도 없다. 우리의 습관 또한 영과 육, 둘 다에서 생겨나지 않은 것은 하나도 없다. 그러므로 하나님을 기뻐하는 습관이나 경건의 습관을 기르려면, 영을 구사하고 묵상하는 것만으로는 안 된다. 반드시 몸도 구사하고 길들여야 한다. 내면의 성향 못지않게 외부의 모든 활동에도 익숙해져야 한다.[5]

이는 성경의 가르침에 전적으로 부합되는 말이다. 성경은 육체와 영혼이 긴밀하게 맞물려 있다고 가르친다.

❀ 그리스도의 주 되심을 몸으로도 선포하자

사도 바울은 "몸과 영을 다"[고전 7:34] 거룩하게 하려는 여자들을 칭찬한다. 우리는 육체를 무시해도 되는 영혼이 아니다. 거룩해지려면 몸까지 포함해서 모든 경험이 거룩해져야 한다. 바울은 "죄가 너희 죽을 몸을 지배하지 못하게 하"라고[롬 6:12] 권면한다. 반대로 "전에 너희가 너희 지체를 부정과 불법에 내주어 불법에 이른 것 같이 이제는 너희 지체를 의에게 종으로 내주어 거룩함에 이르라"롬 6:19고 말한다.

사실 몸의 거룩함을 추구하라는 성경의 권고들을 보면, 그리스도의 주 되심을 몸으로도 선포해야 한다는 개념이 들어 있다. 바울이 빌립보 교인들에게 말했듯이, 그의 목표는 "내 몸에서 그리스도가 존귀하게 되게 하"는빌 1:20 것이었다. 그것은 **모든** 그리스도인을 향한 그의 기도이기도 하다.

"평강의 하나님이 친히 너희를 온전히 거룩하게 하시고 또 너희의 온 영과 혼과 **몸이** 우리 주 예수 그리스도께서 강림하실 때에 흠 없게 보전되기를 원하노라"살전 5:23.

우리가 공략해야 할 죄는 영혼의 죄생각의 죄, 마음의 죄(정욕, 시기, 질투, 미움, 편견), 불신의 죄만이 아니라 몸의 죄도 있다. "사랑하는 자들아 … 하나님을 두려워하는 가운데서 거룩함을 온전히 이루어 **육과 영의** 온갖 더러운 것에서 자신을 깨끗하게 하자"고전 7:1. 바울은 또 "각각 거룩함과 존귀함으로 자기의 몸을 절제하는 법을 배우라"살전 4:4, NIV고 가르친다. 결정적으로 그는 고린도 교인들에게 이렇게 말했다. "너희 몸으로 하나님께 영광을 돌리라"고전 6:20.

오늘날의 재앙은, 육체의 죄를 무조건 성적인 죄로 등식화하는 그리스도인이 너무도 많다는 것이다. 그들의 생각에 육체의 죄라면 정욕과 관계된 것밖에 없다. 그들은 성적인 죄만 짓지 않으면 위의 말씀들이 자기에게 해당하지 않는다고 믿는다. 교회사를 통틀어 이렇게 믿은 세대는 현시대밖에 없다.

몸을 무시하고는 충실한 그리스도인이 될 수 없다. 에드 영$^{Ed\ Young}$ 박사가 역설하듯이 몸을 돌보는 일은 곧 하나님을 사랑하고 공경하는 길이다. 그는 그 둘을 하나로 묶어 이렇게 말한다.

"심장에만 치중하고 마음을 무시하면 전인적인 건강에 이를 수 없다. 하지만 참된 영성은 하나님이 주신 심장에 대해서도 청지기 역할을 다하는 것이다."[6]

금기시된 설교 주제, 건강

나는 캐런에게 설교를 통해 건강에 대한 도전을 받은 적이 있는지 물었다. 건강을 위해 '운동 요법'을 생각해 보도록 권해 준 설교가 있었는가 말이다. 캐런은 이렇게 말했다.

"비만인 미국인의 비율이 높은 만큼 비만인 그리스도인도 많을 거예요. 물론 **교인과 목사**를 모두 포함해서 말이죠. 그러니 이런 주제의 설교가 잘 통할지 의문이에요."

그녀는 잠시 말을 끊었다가 덧붙였다. "사람들은 은혜에 대해 듣기를 좋아해요. 하나님이 나를 무조건 사랑하시며, 내 상태가 지금 이대로도 괜찮다는 그런 말을 더 듣기 원하죠. 물론 그것도 옳은 말이구요.

교회에서 누군가에게 살을 빼야 한다고 말하는 것은 무례한 일인 것 같아요. 그것이 체중에 대한 교회의 메시지죠. 그래서 우리는 교회에서는 아예 이 문제를 언급하지 않죠."

지극히 맞는 말이다. 하지만 체중 문제를 언급하지 않으면 사람들이 건강하지 못한 습관에서 헤어나지 못한 채, 이전에 캐런이 그랬듯이 악순환을 반복할 수 있다. 지금 캐런과 대화해 보면 그녀의 기쁨과 활기와 통찰력이 고스란히 느껴진다. 그러면서 이런 의문이 절로 든다. 교회마다 캐런 같은 그리스도인들이 더 많아지면 좋지 않겠는가? 왜 우리는 이런 실제적인 문제를 언급하지 않는가? 은혜와 격려의 자세로 언급하면 되는데 말이다.

캐런은 옛날의 자신의 모습과 수치심을 지금도 잊지 못한다. 사람들 앞에서만 아니라 하나님 앞에서도 수치스러웠다. 그녀를 "주인의 쓰심에 합당하며 모든 선한 일에 준비함이 되"지 못하게 한 것은 자신감이 아니라 수치심이었다.

영적인 병처럼 보이는 문제에 배구같은 운동을 처방하는 것이 이상해 보일지 모르지만, 캐런과 대화해 보면 반박하기 어렵다. 지금 그녀는 정말 영혼을 연단 받고 있다. 물론 아직 다 이루지 못했지만 우리도 이 땅에서는 다 마찬가지다 주인의 쓰심에 더 합당하고 모든 선한 일에 더 준비된 것만은 분명하다.

그것이 충실한 운동에 보장된 결과다. 자신의 삶 속에서 과감히 이 문제에 부딪치는 사람들은 여러모로 상당한 결과를 경험하게 된다. 우선 건강이 좋아지면 전반적으로 삶에 신바람이 살아난다. 결혼 생활, 자녀 양육, 사업 등에 더 활력이 생긴다.

또 건강이 좋아지면 영적 삶에도 많은 유익이 따른다. 캐런처럼 성적 친밀함도 더 깊어질 수 있다. 그런가 하면 열심히 운동할 때 분비되는 엔도르핀은 심리적으로 스트레스를 퇴치하고 삶 전반에 대한 행복감을 높여 주는 데 탁월한 효과가 있다. 내 경우에도 건물 안에 앉아 찬송을 부를 때보다 오히려 운동 중에 훨씬 더 풍성한 예배를 경험한 적이 많다.

✿ 당신도 생각해 보겠는가?

나중에 더 분명히 말하겠지만, 나는 지금 장로나 집사를 뽑을 때 몸이 날씬한 정도를 보아야 한다고 말하려는 게 아니다. 곧 보겠지만, 체형에도 여러 종류가 있다. 우리는 하나님께 받은 자신의 몸에 대해서만 청지기로 부름 받았다. 남을 판단하는 것은 우리의 소관이 아니다. 우리가 매일의 선택들로 하나님을 영화롭게 하고 있는지 아닌지는 그분만이 아신다. 단지 사람의 마음에 들 목적으로 상대가 그리스도인일지라도 특정한 체형을 유지하려 하는 것은 여전히 사람의 비위를 맞추는 일이다. 그보다 우리는 하나님을 기쁘시게 하려고 살아가는 예배 공동체가 되는 데 집중해야 한다.

하지만 자신의 건강과 활력을 위해 당신도 이것을 생각해 보겠는가? 자신의 영성, 자신의 가정, 자신의 보람을 위해서 말이다. 이것은 다이어트나 일시적 유행이 아니다. 오히려 생활의 개선이며, 그런 의미에서 영적 훈련이다. 이것은 예배의 일부이며, 삶 속에서 하나님의 임재에 복종하는 새로운 방식이다.

내 말이 열정적으로 들린다면, 내가 정말 열정에 차 있어서 그렇다. 내 아들과도 이 주제로 많은 대화를 나누는데, 언젠가 내가 아들에게 지적해 준 말이 있다. 운동으로 건강을 유지하려면 많은 노력과 꾸준한 고통까지도 요구되지만, 반대로 건강이 좋지 **않아도** 그 나름의 고통과 수고가 따른다. 이 타락한 세상에서는 누구나 다치게 마련이다. 어차피 다칠 거라면 나는 몸이 건강하지 못해서 다치고 욱신거리기보다는 차라리 운동하느라 다치고 욱신거리는 편을 선택하겠다.

하나님은 우리를 그분과의 친밀함을 간절히 갈망하는 영적 존재로 지으셨다. 그런데 우리의 영혼은 몸 안에 살고 있다. 몸이 영혼의 추구에 방해가 될 수도 있고 도움이 될 수도 있다. 당신은 어느 쪽을 선택하겠는가?

한 번 더 생각해 보기

1. 〈크리스채너티 투데이〉의 칼럼니스트인 캐럴린 애런즈는 운동을 꺼리는 자신의 성향을 영적으로 합리화하며 '육적인 일'보다 '영의 일'에 집중했다. 당신도 그런 적이 있는가? 육의 일과 영의 일은 둘 다 우리가 청지기 역할을 해야 할 부분이다. 그리스도인들은 어떻게 그 둘에 적절한 균형을 이룰 수 있을까?

2. 당신도 캐런처럼 영적 훈련과 신체적 훈련의 연관성을 느낀 적이 있는가? 연관성이 어떻게 나타났는가? 그것을 일상생활에서 어떻게 경험할 수 있을지 생각해 보라.

3. 몸 관리에 힘쓰면 영적 문제에도 도움이 될 수 있다. 그러한 영적 문제로는 어떤 예들이 있겠는가? 몸의 건강이 영적 치유와 회복의 과정에 도움이 된다는 말을 목사나 상담자한테서 들은 적이 있는가?

4. 고린도후서 7장 1절을 다시 읽으라. "사랑하는 자들아 … 하나님을 두려워하는 가운데서 거룩함을 온전히 이루어 육과 영의 온갖 더러운 것에서 자신을 깨끗하게 하자." 정확한 교리(우리가 믿는 내용)는 참된 신앙의 필수 요소다. 하지만 그리스도께 헌신한 우리는 그 이상으로 부름 받았다. 이 구절은 그것에 대해 무엇을 가르쳐 주는가?

5. 사도 바울은 고린도전서 6장 20절에 "너희 몸으로 하나님께 영광을 돌리라"고 했다. 그런데 데살로니가전서 4장 4절의 "배우라"라는 말에 암시되어 있듯이, 그것은 우리가 본성적으로 하는 일이 아니다. "각각 거룩함과 존귀함으로 자기의 몸을 절제하는 법을 배우라"(NIV). 당신의 삶 속에서 그것을 "배우려면" 어떻게 해야 할까?

6. 캐런은 이렇게 말한다. "사람들은 은혜에 대해 듣기를 좋아해요. 하나님이 나를 무조건 사랑하시며, 내 상태가 지금 이대로도 괜찮다는 그런 말을 더 듣기 원하죠. 물론 그것도 옳은 말이구요. 교회에서 누군가에게 살을 빼야 한다고 말하는 것은 무례한 일인 것 같아요. 그것이 체중에 대한 교회의 메시지죠. 그래서 우리는 교회에서는 아예 이 문제를 언급하지 않죠." 당신은 이런 문제에 대해 어떻게 생각하는가? 이 문제에 대한 이상적인 접근이나 반응은 무엇이겠는가?

03. 끝까지 완주하는 **건강**을 지니자

2010년 여름 나는 텍사스 주 휴스턴 제이침례교회에 주재 작가로 청빙되었다. 다섯 개의 캠퍼스에 퍼져 있는 이 교회는 교인 수가 5만 6천 명이 넘는 성장하는 교회다. 74세의 담임목사인 에드 영 박사는 평생 영육 간의 건강을 강조해 왔다. 교회에 헬스클럽과 체육관이 마련되어 있으며, 영 박사의 많은 저서 중에 의사와 공저한 책도 두 권이 있다Total Heart Health for Men, Total Heart Health for Women. 심장과 마음을 둘 다 잘 돌보도록 그리스도인들을 독려하는 내용이다.

교회에 부임한 지 몇 주만에 교역자 수련회에 참석했다. 꼬박 이틀 동안둘째 날은 장장 열두 시간의 일정이었다 나는 전성기를 구가하는 한 인간을 보았다. 영 박사는 교역자들을 이끌고, 훈련하고, 즉석에서 가르치고, 기도하고, 감화를 끼치고, 도전하고, 교대로 드나드는 여러 목사들을 바로잡아 주는 일까지 완벽하게 소화해냈다. 그렇게 활동하는 영 박사를 이틀 동안 보면서 나는 2년 동안의 신학교 교육을 마치는 것보다 더 많은 사역의 통찰을 얻었다.

영 박사의 지혜와 경륜과 열정과 분별력이 건강에 나쁜 습관들 때문에 조기에 사장되지 않은 것이 얼마나 감사한지 모르겠다. 30대, 40대, 50대 때에 식생활과 운동 부분에서 잘못된 선택을 무수히 반복하여, 60대에 삶이 거의 끝나다시피 하는 사람들도 있다. 나쁜 결과가 60대에 나타나 그간 쌓아 온 인생 경륜이 무용지물이 되고 만 것이다. 그런데 영 박사는 70대 중반인데도 내 눈앞에서 하나님 나라를 침노하고 있었다. 신명기 33장 25절에 아셀에게 주어진 예언의 말씀이 나온다. "네가 사는 날을 따라서 능력이 있으리로다." 영 박사는 바로 그 예언의 화신과도 같았다.

이틀 동안 그가 보여 준 것은 많은 강의와 으레 있을 법한 공부가 아니었다. 사역의 초점, 리더십, 감화력, 감독의 역할, 봉사자의 소명과 목적을 찾아 주는 일 따위에 대해 원고를 펴놓고 가르친 것도 아니다. 전체 수련회를 주도한 것은 50년이 넘는 사역에서 빚어진 깊은 지혜와 경륜이었다. 물론 그의 사역은 이 교회의 교인이 2만 5천 명이었던 1990년대에도 힘이 넘쳤다. 하지만 감히 말하건대 오늘의 영 박사는 거룩하고 주인의 쓰심에 더욱 합당하며 모든 선한 일에 더 잘 준비된, 귀히 쓰는 그릇이다.

물론 하나님은 약한 자를 통해서도 강력하게 일하시며, 우리의 어떠함과 상관없이 일하신다. 하나님은 조건 없는 은총으로, 건강한 자에게나 건강하지 못한 자에게나 똑같이 비를 내리신다! 하지만 바울처럼 "내가 그리스도를 본받는 자가 된 것 같이 너희는 나를 본받는 자가 되라"고전 11:1고 말할 수 있는 사람들도 있다. 그동안 우리는 결승선에 이르지 못하고 너무 일찍 쓰러지는 남녀 지도자들을 숱하게 보았다. 끝까지 완주하는 소수의 사람으로부터 배워야 한다.

어떻게 하면 우리도 끝까지 달릴 수 있을까?

✤ 제자도의 새로운 차원

존 윔버John Wimber는 1980년대에 "표적과 기사와 교회 성장"이라는 워크숍으로 10여 년간 교회를 떠들썩하게 한 인물이다. 한번은 그가 비행기를 타는데 어떤 남자의 이마에 '간음'이라는 단어가 찍혀 있었다.물론 다른 사람들의 눈에는 보이지 않았다. 물어보니 아니나 다를까 그 남자는 바람을 피우러 가는 길이었다. 물론 하나님이 이런 방식으로 역사하시는 경우는 극히 드물다. 우리의 죄는 대부분 은밀한 곳에 숨겨져 있다. 자신의 죄를 뻔히 보이게 이마에 표시하고 다니는 사람은 없다. 그래서 목사가 설교 시간에 그 죄를 지적해도 우리는 얼굴에 미소를 지으며 옆 사람과 악수를 한다. 그래도 아무도 모른다.

하지만 과식과 운동 부족은 달라서 대개^{항상은 아니지만} 시간이 지나면 그 결과가 겉으로 드러나게 되어 있다. 온종일 바깥에서 고되게 일하고 나서 아이스크림을 한 숟가락 더 먹는다면 그것이 식탐일까? 하지만 바깥일과는 한 달째 담을 쌓고 살면서 하루에 두 번씩 아이스크림을 잔뜩 먹는다면 그것은 어떨까?

간음과 살인과 도둑질은 누가 보아도 분명한 죄다. 하지만 과식과 게으름은 종류가 달라서, 물질만능주의^{집이 얼마나 커야 너무 큰 것인가? 차가 얼마나 비싸야 너무 비싼 것인가?}와 레크리에이션^{방과 후에 30분간 비디오게임을 해도 괜찮다면 1시간 반이나 2시간은 어떤가?}처럼 회색 지대에 해당한다.

하지만 흑백의 문제가 아니라고 해서 결과가 없는 것은 아니다. 집이든 몸이든 재정이든 관계든 영혼이든, 제대로 관리하지 않고 내버려두면 결국 표시가 나게 되어 있다. 잠언에서는 밭에 대해 말하고 있지만, 이는 인간 실존의 어느 부분에나 다 적용되는 원리다.

내가 게으른 자의 밭과

지혜 없는 자의 포도원을 지나며 본즉

가시덤불이 그 전부에 퍼졌으며

그 지면이 거친 풀로 덮였고

돌담이 무너져 있기로

내가 보고 생각이 깊었고

　내가 보고 훈계를 받았노라.

　　네가 좀더 자자, 좀더 졸자,

　　　손을 모으고 좀더 누워 있자 하니

　　　　네 빈궁이 강도 같이 오며

　　　　　네 곤핍이 군사 같이 이르리라잠 24:30~34.

　　　이것을 오늘의 버전으로 바꾼다면 아마 이렇게 될 것이다.

　　　내가 게으른 자의 몸과

　　　지혜 없는 자의 몸을 지나며 본즉

　　　콜레스테롤이 안에서부터 그를 죽이고 있고

　　　고혈압이 언제 터질지 모르는

　　　화약고와 같더라.

　　　숨을 쉬기도 어렵고

　　　몸을 조금만 움직여도

　　　비지땀이 나더라.

　　운동할 시간이나

　　건강식을 준비할 시간은 없다면서

　　병원에 다니는 시간은 만만찮고,

많은 돈을 약값으로 써서
병을 치료하기보다 증상만 없애더라.
내가 보고 생각이 깊었고
내가 보고 훈계를 받았노라.
네가 좀 더 자자, 좀 더 늘어지자,
마음대로 실컷 먹으며 살자 하니
네 약골이 강도같이 오며
허약 체질이 군사같이 이르리라.

게으름도 시간이 지나면 과식처럼 겉으로 표시가 나게 되어 있다. 샌디에이고 카운티 보건소장이자 「나는 이렇게 113kg을 뺐다」넥서스북스의 저자인 내 친구 닉 이판티디스 박사가 자주 말하는 것처럼, 몸의 건강은 영의 건강의 지표 역할을 할 수 있다. 몸무게가 인생의 계기판에 켜지는 빨간색 경고등이라는 것이다. 문제는 경고등의 불빛 자체가 아니라 후드 밑에 은처럼 단련되지 못한 영혼이 있다는 사실이다. 운동하지 않으면서 과식하면 대부분전부는 아니지만의 사람들은 비만이 될 수밖에 없다.

조지 부시 대통령과 빌 클린턴 대통령 밑에서 식약청 청장으로 일한 데이비드 케슬러 박사는 이런 말로 문제의 정곡을 찔렀다. "사람들이 살찌는 이유는 몸이 마른 사람들보다 많이 먹기 때문이다. 뻔한 말 같지만, 우리는 이 부분에서 혼란에 빠져 수십 년을 흘려보냈다. … 마침내 확실한 증거가 밝혀졌다. 체중 증가의 주된 원인은 과식이다."[1]

이것은 육적 싸움이지만 그 뿌리는 영적인 데 있다. 그런데 교회의 수많은 사람이 그 사실을 모르고 있다. 에드 영 박사는 이렇게 썼다.

> 사탄은 당신의 심령을 숨 막히게 하려 할 뿐 아니라 무슨 수를 써서라도 당신의 심장을 멎게 하려 할 것이다. 예수님은 마귀가 "살인한 자" 요 8:44라고 하셨다. 사탄은 할 수만 있다면 당신의 몸을 죽이려고 혈안이 되어 있다. 사탄은 왜 당신을 죽이려는 것일까? 당신이 죽으면 다른 사람들을 돌보는 당신의 사랑도 순식간에 끝나고, 하나님이 당신을 부르신 목적도 깨끗이 무산되기 때문이다. 하나님이 당신의 가족들, 이웃들, 친구들 등 당신의 영향권 내에 있는 사람들에게 다가가실 때 주로 쓰시는 인물은 당신이다. 당신을 없애면 사탄은 바로 그 인물을 제거하는 것이다.[2]

영 박사의 말은 이렇게 이어진다.

> 사탄은 어떻게 당신을 제거할 수 있을까? 물론 다리에서 뛰어내리라든가 달리는 열차 앞으로 뛰어들라든가 청산칼리를 병째 마시라고 유혹할 수도 있다. 하지만 사탄은 당신이 똑똑해서 그런 유혹에는 잘 넘어가지 않음을 알

고 있다. … 사탄이 교활한 존재임을 기억하라. 사탄은 당신을 속여 자기가 시키는 대로 하게 만들고, 그게 썩 나쁜 일이 아니라고 믿게 한다. 그래서 좀 더 무난한 행동을 제시할 수 있다. 당신의 건강에 악영향을 미치는 행동인데, 결국 사탄이 얻을 결과는 똑같다.[3]

그것이 사실이라면^{물론 사실이다} 사탄은 한 남자를 재정적 덫으로 유혹해 그의 사역을 무너뜨리려 할 수 있다. 그 덫이 결국 범죄로 발전해 그의 사업과 평판을 망쳐 놓는다. 그런가 하면 사탄은 한 여자의 머릿속에 동료 직원에 대한 공상과 남편에 대한 적대감을 집어넣을 수 있다. 그녀가 약해져 불륜에 빠지는 순간 그 인생은 무너지고 만다. 마찬가지로 사탄은 어떤 사람들은 매번 폭식만 하고 운동은 하지 못하게 만들 수 있다. 그런 식으로 그들을 제거하려는 것이다. 사탄은 우리의 사역이 끝장나는 **원인**에는 관심이 없다. 그저 끝장나기만 하면 된다. 특히 과식과 게으름은 쉽게 드러나지 않는 은밀한 공격이다. 죄로 잘 규정되어 있지 않을뿐더러 아예 죄가 아닐 수도 있기 때문이다. 하지만 그럼에도 우리의 영향력을 앗아가기는 마찬가지다.

교회가 이 문제를 무시하는 것은 실로 애석한 일이다. 성경이 가르치고 있듯이, 그리스도의 몸 된 교회가 충만한 영광 가운데 제 역할을 다하려면 모든 지체가 하나하나 다 필요하다. **모두가 중요하다.** 이렇게 모두의 몸이 중요할진대 **한 사람**의 삶이라도 허비되는 것은 얼마나 안타까운 일인가. 하나님 나라에는 너무 작아서 중요하지 않은 일이란 없다. 모든 일이 중요하고 모든 사람의 삶이 중요하다. 특히 당신의 삶이 중요하다.

당신의 건강을 지키는 일은 세상을 변화시키실 하나님의 통로를 지키는 일과 같다. 성령으로 새로워진 무수히 많은 그리스도인이 포크와 나이프와 숟가락으로 조기에 제 무덤을 파고 있으니, 이보다 더 큰 손실이 어디 있겠는가? 이판티디스 박사가 즐겨 하는 말이 있다.

"하나님 나라를 키우려면 우리의 몸집부터 줄여야 한다."

식생활 개선으로 하나님께 영광 돌리기

많은 사람이 몸을 돌보지 않는 한 가지 이유는 케네스 쿠퍼 박사가 지적했듯이 "대다수 사람이 건강한 식생활의 필요성에 대한 소신이 비교적 약하기"[4] 때문이다. 다시 말해서 사람들은 "식생활을 개선해야 한다는 거야 나도 알지만, 그래도 … "라고 변명을 붙인다. 이는 마치 "과속이 **엄격히 말해서** 위법인 줄은 나도 알지만, 그래도 별로 큰 문제가 아닌 것 같아서 늘 시속 10킬로미터 정도는 과속한다"는 말과 같다.

소신이 약하면 헌신도 약해지게 마련이다. 바울은 우리에게 새로운 동기를 주시도록 하나님께 부르짖는다. 영혼을 은처럼 단련하여 하나님의 쓰심에 더 합당해지고 그분이 계획하신 모든 선한 일에 더 준비함이 되려면, 이 말씀을 명심해야 한다.

"너희 몸은 너희가 하나님께로부터 받은 바 너희 가운데 계신 성령의 전인 줄을 알지 못하느냐. 너희는 너희 자신의 것이 아니라 값으로 산 것이 되었으니 그런즉 너희 몸으로 하나님께 영광을 돌리라"
고전 6:19~20

우리의 몸은 우리 것이 아니다. 우리의 기분이나 욕심대로 혹사해도 되고 돌보아도 되는 게 아니다. 반대로 하나님은 우리를 지으셨을 뿐 아니라 비싼 값을 치르시고 우리를 구속救贖하셨다. 그것도 우리의 영혼만 구속하신 게 아니라 몸까지 구속하여 자신의 소유와 도구로 삼으셨다. **그런즉 너희 몸으로 하나님께 영광을 돌리라.**

그런데 오늘의 그리스도인들은 자신의 몸이 자신의 것이 아님을 알고나 있는가? 몸을 돌보는 일(적절한 식생활, 충분한 운동)이 생활 방식의 문제가 아니라 제자도와 순종의 문제임을 알고나 있는가? 운동과 절제된 식생활이 신체적 건강의 문제라기보다 우리를 지으신 하나님을 영화롭게 하는 문제라면 어찌할 것인가?

쿠퍼 박사는 이렇게 조언한다.

우리의 근본적 인생관이 식습관으로 나타나게 되어 있다. 그리스도인들이 그 점을 모르고 있다는 사실이 진짜 문제다. 다시 말해서 그들은, 식생활을 제대로 하면 본연의 활력적이고 건강한 사람으로 변화될 수 있음을 배우지 못했다.[5]

자신의 몸을 대하는 방식은 건강, 편안함, 즐거움, 쾌락의 문제이기 전에 **청지기직**의 문제다. 진정 거룩하고 주인의 쓰심에 합당하며 모든 선한 일에 준비함이 되려면, 더 활력적이고 건강해지는 것이 효율성의 필수 요소라 할 수 있다. 장애와 질병의 많은 이슈는 우리의 소관 밖이다. 그것은 하나님의 섭리이자 그분이 허락하신 유전자의 문제다. 하지만 그 밖의 많은 이슈(운동의 횟수, 열량 섭취의 양과 질)는 전적으로 선택의 문제이며 우리의 책임이다.

청지기 모델과 달리 치료 모델은 식생활과 운동의 목표를 외모와 기분을 향상하는 데 둔다. 치료 모델의 문제점은 모든 것이 자아중심이라는 점이다. "과식하면 안 된다. 내 건강이 나빠지기 때문이다." "운동해야 한다. 내 몸이 약해지면 계단을 올라갈 때 숨이 차기 때문이다." 그러나 제자도는 다시 하나님을 그분의 자리에 모신다. "과식하면 안 된다. 하나님이 그러지 말라고 하셨기 때문이다. 내가 불순종하면 주님 되신 그분을 욕되게 하는 것이다. 나는 그분을 가장 잘 섬기기 위해 최대한 튼튼해지고 싶다."

하나님은 모든 종류의 예속으로부터 우리를 건져 주기 원하신다. 그것은 사랑의 표현이지 실망의 표출이 아니다. 우리가 **또다시** 식욕에 굴하고 실패해 올 때, 하나님도 함께 우신다. 그분도 우리 때문에 아파하신다. 장 칼뱅$^{Jean\ Calvin}$의 말처럼 구원 이후에 하나님은 판사가 아니라 의사로서 우리를 대하신다.[6] 그분은 이것이 힘든 싸움임을 아시며, 우리의 처참한 심정을 안타까워하신다. 실패의 결과를 우리 몸으로 당해야 함을 그분은 애석해하신다.
영 박사의 경고를 귀담아들을 만하다.

그리스도인이라는 이유만으로 우리의 몸이 승승장구하리라고 생각해서는 안 된다. 형편없는 식단과 운동 부족으로 몸을 홀대하면 반드시 그 값을 치르게 되어 있다. 그런 무책임한 행동 때문에 당장 죽는 것은 아니겠지만, 심장병이나 암 같은 질병으로 발전되어 조기에 목숨을 잃을 수 있다. 그때까지 원수는 병을 통해 우리의 삶을 교란시키고 무력하게 만들 수 있다. 이로써 우리를 향한 하나님의 목적이 무산된다.[7]

❀ 내 몸을 돌보지 않으면 섬길 수 없다

당신의 영혼이 잘 연단되고 마음과 사고가 하나님께 온전히 드려져 그분의 영광을 확실히 드러내고 있다면, 당신의 가족은 당신을 강한 성루처럼 우러러볼 것이다. 당신은 가족에게 날마다 하나님을 구할 것을 일깨워 주는 사람, 하나님의 지혜와 경륜을 전수해 주는 사람이 될 것이다.

그런데 만일 하나님이 당신을 자녀와 손자에게만 아니라 증손자에게도 그 역할을 하도록 세우셨는데, 당신의 잘못된 선택들 때문에 건강이 나빠져 증손자가 태어나기도 전에 세상을 떠난다면 어떻게 되겠는가?

나는 건강을 내팽개치는 것이 얼마나 이기적인 일인지 이판티디스 박사를 통해 깨달았다. 공원에서 자녀와 함께 놀기에도 힘이 부친다면 우리는 정말 자녀를 사랑하고 있는 것인가? 물론 이것은 자신의 선택으로 몸이 허약해진 사람들을 두고 하는 말이다. 어쩔 수 없는 장애나 부상을 안고 있는 사람들은 여기에 해당하지 않는다. 아울러 보이지 않는 일부 심리적 상처도 육체의 질환 못지않게 사람을 무력하게 만들 수 있음을 나는 십분 인식하고 있다. 이런 맥락에서 이판티디스 박사는 이렇게 말한다. "건강에 소홀한 것은 이기적인 일이고, 건강을 지키는 것은 사랑하는 일이다. 이전에 내 몸무게가 230킬로그램에 육박했을 때, 초과 중량에 시달린 것은 나만이 아니었다. 다른 많은 사람에게도 짐이 되었다. 내가 살을 빼고 달라지자 모두에게 깊은 기쁨과 평안이 찾아왔다."

에베레스트 등정은 누구에게나 일생일대의 경험이 될 것이다. 그래도 내가 고산에 오르지 않는 이유가 무엇인지 아는가? 왜 운전할 때 조심하는지 아는가? 네 사람^{아내와 세 자녀}의 얼굴이 늘 내 앞에 아른거리기 때문이다. 그들은 재정, 관계, 기타 여러 면에서 정말 나에게 의존하고 있다. 게다가 이제는 텍사스 주 휴스턴에, 나의 사역에 막대한 투자를 한 교회 공동체까지 있다. 나는 건강한 몸으로 그들을 섬길 책임이 있다. 또 세상의 많은 교회가 내 책을 읽고 나에게 강연을 요청해 온다. 내 몸을 돌보지 않고는 그들을 섬길 수 없다.

내 몸은 하나뿐이다. 내 인생도 한 번뿐이다. 하나님의 섭리라면 이 책을 탈고하기도 전에 내 인생이 끝날 수도 있다. 하지만 내가 사랑하는 사람들, 내가 부름 받아 섬기는 사람들이 나의 이기심 때문에 단 1분이라도 나와 함께하는 시간을 빼앗기는 것을 나는 원하지 않는다.

하나님은 말씀을 통해 우리에게 친히 명하셨다. 우리는 우리의 것이 아니라 값으로 산 것이 되었으니 그런즉 우리의 몸으로 하나님께 영광을 돌려야 한다.

한 번 더 생각해 보기

1. 현재 당신의 몸은 나이에 비추어 어떤 상태인가? 지금까지의 흐름으로 볼 때 노후에 당신은 활기찬 시절을 보낼 것 같은가, 아니면 허약해질 것 같은가? 건강과 관련된 당신의 습관들을 평가해 보라. 혹시 그것이 장애를 유발할 수도 있겠는가? 아니면 오래오래 열매 맺는 사역을 할 기초가 되고 있는가?

2. 식생활과 운동 부분에서 당신이 하는 싸움의 근원은 영적인 데 있을 수 있다. 사탄의 직접적인 공격일 수도 있다. 그런 생각을 해 본 적이 있는가? 그렇게 이해하면 당신이 이런 문제에 대응하는 방식이 어떻게 달라질 수 있겠는가?

3. 고린도전서 12장 4~31절을 읽으라. 이 책의 주제 중 하나는 모든 사람의 몸이 중요하다는 진리다. 여기에 대해 이 말씀이 가르쳐 주는 내용은 무엇인가? 당신은 자신의 사역이 중요하다고 믿는가(아직 사역을 정하지 못한 경우라도 좋다)? 이렇게 이해하면 음식을 더 절제하거나 운동을 하려는 당신의 동기가 어떻게 달라질 수 있겠는가?

4. 고린도전서 6장 19~20절을 읽으라. 당신의 몸은 누구의 것인가? 당신의 몸이 하나님의 것임을 진심으로 믿는다면, 몸을 어떻게 대하겠는가? 몇 가지 예를 들어 보라.

5. 몸 관리에 대한 치료 모델과 청지기 모델의 차이를 말해 보라(59~60페이지). 현재 교회 안에서 볼 수 있는 모델은 무엇인가?

6. 이판티디스 박사는 많은 경우에 "건강에 소홀한 것은 이기적인 일이고, 건강을 지키는 것은 사랑하는 일이다"라고 했다. 당신은 이 말에 동의하는가? 왜 그렇거나 그렇지 않은가? 물론 이 말의 문맥을 잘 보아야 한다. 이것은 유전적 요인으로 말미암은 질병에 대한 말이 아니라 스스로 건강을 해치는 선택에 대한 말이다.

04. 예수님이라면 **다이어트** 하실까?

1994년 첫 번째 책이 출간된 직후 나는 어느 자선 연회에서 강연했다. 내 머리와 가슴은 신인 작가로서 하나뿐인 책을 팔려는 기대감으로 가득 채워져 있었다. 그런데 그곳은 불행히도 교육 수준이 높지 않은 주州의 작은 마을이었다. 그냥 내 강연이 재미 없었는지도 모르겠다. 어쨌든 책은 한 권도 팔리지 않았다. 잔뜩 풀이 죽어 연회장을 나섰다. 순간 미래도 없고 희망도 없는 사람처럼 패배감이 몰려들었다.

나는 곧장 패스트푸드 식당으로 갔다. M&M 초콜릿이 섞인 아이스크림과 감자튀김을 사서 호텔 방에 돌아가 '열량 요법'에 돌입했다. 그러고 나자 하나님 앞에서 마음이 찔렸다. 일단은 합리화하며 자신을 변호했다.

"그래도 나는 일이 잘 안 풀린다고 해서 포르노를 보지는 않아."

하지만 하나님은 나를 그렇게 쉽게 놓아 주지 않으셨다.

그날 내 행동^{열량} ^{요법}에 관해 문제를 제기할 사람은 별로 없을 것이다. 그것 때문에 나를 징계할 교회도 없을 것이고, 위선자라고 비난할 네티즌도 없을 것이다. 그러나 하나님은 어떤 사람들이 정욕을 이용하듯 내가 음식을 이용하고 있음을 분명히 지적하셨다. 또한, 그것이 그분께도 기쁘지 않고 나에게도 해롭다고 하셨다.

나는 다른 방식들로 좌절감을 달래느니 차라리 이것이 덜 해롭다며 내 행동을 변호할 수도 있었다. 하지만 아무리 그런다 해도 기름기와 당분이 많은 음식으로 아픈 영혼을 달래는 것은 실망에 대처하는 건강한 방식과는 거리가 멀었다. 그 일이 경종이 되어 나는 하나님이 음식 남용을 정욕과 대등하게 보심을 깨달았다. 안타깝게도 나는 아직도 이 싸움에 질 때가 많다. 하지만 그렇더라도 그냥 포기하기보다 계속 싸우는 편이 하나님과의 관계나 대인관계에 여러모로 도움이 된다고 나는 믿는다.

그 뒤로도 나는 좋은 일이 있을 때 M&M 초콜릿이 섞인 아이스크림을 많이 먹었고, 감자튀김도 어쩌면 정도 이상으로 먹었을 것이다. 하지만 이것만은 확실히 깨달았다. 하나님은 내 삶에서 하나님이 차지하시려는 역할을 음식이나 다른 어떤 대용품에 빼앗기기를 원하지 않으신다. 나는 율법주의자는 아니지만 그렇다고 이 싸움을 부정할 생각도 없다.

 내 영혼에 가장 건강한 식습관은?

나는 다이어트^{특별하고 한시적인 행위}에 별로 관심이 없다. 대다수 사람이 깨닫듯이 다이어트는 짧은 기간 엄청난 성공을 이룰 수 있지만 두어 해가 지나면 실패로 끝나는 경우가 많다. 대개는 빠졌던 살이 도로 찐다. 특히 유명 인사들^{그 중에는 그리스도인도 있다}에게서 그것을 볼 수 있다. 그들은 성공적으로 살을 뺀 후 그 비결을 책으로 펴낸다. 하지만 2~3년이 지나면 다시 예전과 똑같아진다. 게다가 대부분의 다이어트 책이 던지는 질문은 이것이다. "내 몸에 필요한 것은 무엇인가?" 그것도 얼마든지 적절한 질문이지만, 더 나은 질문은 이것이다. "내 영혼에 가장 건강한 식습관은 무엇인가?"

우리는 음식과의 관계를 완벽히 새롭게 할 필요가 있다. 음식을 삶의 일면으로 보아야지 삶의 이유로 보아서는 안 된다. 음식은 결국 몸이라는 장치의 연료이지만, 또한 하나님이 즐기라고 주시는 좋은 선물이기도 하다. 이는 하나님이 우리를 돌보신다는 증거다. 그분이 공급하시는 음식은 일용품의 차원을 넘어 그분의 후하심과 자비하심의 표현이다. 하지만 그래도 우리가 기억해야 할 것이 있다. 우리는 죄성을 지닌 존재인지라 자칫 음식을 잘못 사용하면 그것이 우리를 속박하고 공격해 수명을 단축할 수 있다는 사실이다. 내 경우에는 하루 세끼 식사의 이면에 맞물려 있는 영적 의미를 깨달으면서 비로소 큰 변화가 나타났다. 에어로빅 운동의 아버지인 케네스 쿠퍼 박사의 여정에 나도 깊이 공감한다. 나처럼 그도 30대에 계속 살이 찌다가 문득 자신의 부주의로 말미암은 피해를 깨달았다. 그런데 제일 도움이 되었던 것은 육적 증상이 아니라 영적 본분이었다. 그것을 깨닫기 전까지만 해도 "나는 전력을 기울여 내 몸을 건강하게 지키는 것이 신앙의 **도리**임을 몰랐다."[1]

쿠퍼 박사와 내가 함께 깨달은 것이 있다. 음식과의 관계를 고치기 시작하면서 하나님의 임재에 더욱 민감해졌다는 사실이다. 쿠퍼 박사는 이렇게 썼다. "음식이 우리 몸에 하는 일과 성령께서 우리 영혼에 하시는 일은 서로 밀접한 관계가 있다."[2]

예전의 나를 보고 뚱뚱하다고 할 사람은 없을 것이다. 아마 통통하다고 할 사람도 별로 없을 것이다^{체질량 지수로 볼 때 표준보다 약간 과체중이긴 했지만 말이다}. 하지만 나는 정말 좋아하는 음식이라면 거부할 줄을 몰랐다. 그 대가는 몸으로만 나타난 게 아니라^{더 노곤하고, 체력이 떨어지고, 약간 기운이 없는 등} 영적으로도 나타났다. 배가 불러 있을수록 영혼은 고갈되기 쉬웠다.

먹는 양만이 문제가 아니라 무엇을 먹는가도 문제였다. 나는 유치할 정도로 단 것을 좋아한다. 이 나이가 되도록 민망하기 짝이 없다. 큼직한 스테이크를 먹다 남기는 일이나 배가 불러 상을 물리는 일은 흔하지만, 초콜릿이나 사탕이 앞에 있으면 나의 자제력은 일곱 살배기 아이들보다 작아진다.

결혼 초 아내가 건강을 생각해서 영양식을 먹으라고 당부했지만, 나는 귓등으로 들었다. 나는 기분상 건강했고, 운동도 했고, 체중도 괜찮았다. 전혀 문제 될 게 없었다. 하지만 30대 중반을 지나 40대에 접어들자 더는 꼼수를 쓸 수 없었다. 게다가 지극히 육적인 문제의 영적인 측면까지 보게 되었다. 쿠퍼 박사는 이렇게 썼다.

> 당신이 먹고 마시는 음식과 음료는 정당한 기도 제목이다. 결국, 음식물은 당신의 영적 삶과 정서 상태에 중대한 역할을 할 수 있으며, 당신의 건강과 활력의 정도를 좌우하는 결정적 요인이 될 수 있다. 당신이 일상을 얼마나 효율적으로 감당할 수 있는가도 거기에 달려 있다.[3]

운동선수의 기량은 해가 갈수록 조금씩 쇠퇴해 간다. 우리 모두 늙어 가는 운동선수와 같다. 젊었을 때는 몸을 축내며 살아도 거뜬히 버틸 수 있지만, 그 시절은 생각보다 빨리 끝난다. 그것을 깨닫는 데 오래 걸릴수록 건강 악화와 질병을 자초한다. 식습관을 버린다는 것은 쉽지 않다. 애초에 그런 습관에 빠지지 않는 편이 훨씬 쉽다. 젊은 독자들은 명심하기 바란다. 서른이 넘은 사람이라면 누구나 말하듯이, 살을 빼는 것보다 처음부터 살이 찌지 않게 하는 쪽이 훨씬 쉽다.

❦ 살찌는 체질의 유익?

우리 몸은 쉽게 살이 찌는 성향이 있는데, 여기에는 영적으로 말해서 오히려 긍정적인 측면이 있다. 체질적으로 날씬하지 못한 사람들은 날씬한 사람들이 모르는 유익을 누린다. 겸손을 기르는 데 대머리가 도움이 되듯이^{나는 거울을 볼 때마다 겸손해진다}, 체질적으로 살이 잘 찌는 몸도 남들에게는 없는 영적 근면성과 훈련과 조심성을 길러 줄 수 있다. 일본의 소설가 무라카미 하루키가 내게 그것을 깨닫게 해 주었다.

살이 찌고 싶지 않으면 나는 매일 열심히 운동하고, 음식을 조심하고, 방종을 삼가야 한다. 물론 삶이 고달플 수 있다. 하지만 노력을 게을리 하지만 않으면 그런 습관들 덕분에 신진대사가 몰라보게 좋아진다. 결국, 몸이 훨씬 더 건강해진다. 기력이 좋아짐은 말할 것도 없다. 노화의 징후까지도 어느 정도 늦출 수 있다. 하지만 체질적으로 도무지 살이 찌지 않는 사람들은 운동하거나 음식을 조심할 필요가 없다. 그래도 늘 날씬하다. 필요가 없는데도 굳이 고달프게 애쓸 사람은 많지 않다. 그래서 그들은 나이가 들면서 체력이 떨어지는 경우가 많다.[4]

체질적으로 날씬한 사람들은 과식을 일삼으면서도 음식이 자신을 지배하고 있음을 모를 수 있다. 하지만 조금만 먹어도 살이 찌는 사람들은 그런 호사를 누릴 수 없다. 싸움의 결과가 만인의 눈앞에 드러나기 때문이다. 남들처럼 똑같이 먹어도 죄다 살로 가니 어쩌겠는가.

하나님의 섭리로 내 머리카락은 50세가 넘으면 다 빠지게 되어 있고, 내 몸은 한 번 꼼수를 쓸 때마다 500그램씩 살이 찌게 되어 있다. 어떤 때는 감자칩 하나에 500그램, 콜라 한 캔에 500그램인 것 같다. 햄버거에 치즈를 넣으면 700그램으로 올라간다. 당신도 그런가? 그런데 날씬한 내 친구는 치즈만 없는 게 아니라 감자튀김과 콜라까지 주문하면서 또 이렇게 묻는다. "디저트 메뉴도 볼 수 있을까요?" 어느 날씬한 친구는 점심때 나를 데리고 바비큐 식당에 가더니 자기 몫으로 메뉴를 두 가지나 시켰다. 그러면서 한다는 말이 "살 좀 찌려고 석 달째 노력 중이거든"이라고 했다. 어찌 부럽지 않겠는가!

❀ 나도 한때는 배고픔의 노예였다

결국 나는 배고픔*분명히 밝혀 두지만 여기서 말하는 배고픔이란 '풍요 속의 시장기', 즉 평소에 배불리 먹고 사는 우리가 이따금 느끼는 공복통이다. 진정한 굶주림, 영양실조, 기아를 말하는 것이 아니다. 이 하나의 감각일 뿐 그 이상이 아님을 깨달았다. 배고픔은 폭군이 될 필요가 없다. 배고픔은 정욕이나 분노와 같다.

정욕을 느낀다고 해서 그것을 행동으로 옮길 필요는 없다. 분노를 느낀다고 해서 언성을 높이거나 주먹을 부르쥘 필요도 없다. 마찬가지로 배고픔을 느낀다고 해서 반드시 음식을 먹을 필요는 없다.

배고픔에 항상 복종하면 영적으로 미묘하고 위험한 기제가 발생한다. 배고픔이 사탄의 손에 붙들린 확실한 운전대가 되는 것이다. 사탄은 자신의 임의대로 우리를 어느 방향으로든 돌릴 수 있고, 우리는 이 하나의 감각에 지배당하는 데 길들여진다. 언제, 무엇을, 어떻게 먹을지를 그 감각이 지배한다. 아예 삶의 다른 요소들보다 배고픔이 최우선이 될 수도 있다.

나도 한때는 배고픔의 노예였다 지금도 종종 그렇다. 시장기를 느끼고 싶지 않아 배고픔에 항상 복종했다. 어떤 때는 배고픔을 예상하고 미리 많이 먹어 두기도 했다. 그렇지 않으면 **혹시** 배가 고파질지도 모르니 말이다. 그 두려움에서 긴장과 불안과 조바심이 생겨났다 예컨대 누군가 내 일정을 침범하여 자칫 식사 시간조차 없어지면 그런 증상이 나타났다. 또한, 마음의 평안도 사라졌다. 이 모두가 **혹시** 배가 고파질지도 모르기 때문이었다.

배고픔을 통해 몸 상태를 알 수는 있지만, 그렇다고 배고픔이 고삐 풀린 폭군이 되게 해서는 안 된다. 배고픔의 신호를 듣되 거기에 무조건 복종할 필요는 없다. 정말 음식이 필요한 상황인지 아니면 음식과의 새로운 관계에 몸을 맞추어야 하는지, 이성을 구사하여 분간할 수 있다. 배고픔은 하나의 감각일 뿐 그 이상이 아니다. 배고픔이 나를 지배하는 주인이 되어서는 안 된다.

결론은 이것이다. 음식은 육체의 연료이지 우울이나 불안을 치료하는 정신의약품이 아니다. 스트레스나 외로움이나 불안이나 권태나 의혹이 덮쳐온다고 해서 음식에 의지해서는 안 된다. 배고픔에도 여러 가지 종류가 있다. 신체적 배고픔 외에도 정서, 친밀함, 관계 등에 대한 배고픔이 있으며, 그 각각의 차이를 아는 것이 중요하다. 신체적 배고픔과 거의 혹은 전혀 무관한 욕구인데도 우리는 엄청난 열량을 섭취하는 경우가 많다. 하지만 그것은 열량으로 채워질 수 없는 욕구다. 나는 치료자나 의사가 아니라서 전문적으로 말할 수 없지만, 이판티디스 박사의 책 「나는 이렇게 113kg을 뺐다」에 그 점이 밝혀져 있다.

내 경우, 인생의 어느 시점부터는 배고픔을 면하는 일보다 건강이 더 중요해졌다. 배고파도 그냥 참았더니 시간이 지나면서 실제로 배고픔이 전보다 덜 느껴졌다. 배고픔을 느끼는 방식도 달라졌다. 더는 내가 배고픔의 노예처럼 느껴지지 않았다. 나는 공복통을 그런 관점에서 보려 한다. 공복통은 나를 건강이라는 목적지로 데려다 주는 하나의 감각일 뿐이다. 공복통은 오르막길에서 자전거를 타는 일처럼 달갑지 않지만, 그래도 내 삶에 **긍정적** 역할을 한다. 원하는 목적지에 이르려면 이따금 공복통을 견뎌내야 한다.

이를 통해 나는 새로운 차원의 영적 자유를 얻었다. 이제 나는 '풍요 속의 시장기'를 두려워하지 않는다. 시장기가 달갑지 않을 수는 있지만, 그래도 그것과 더불어 살 수 있다. 때로는 더불어 살아야 한다. **신체적 이유 못지않게 영적 이유**에서 말이다.

과식과의 전쟁

과식과의 전쟁에 돌입하면 말 그대로 혼란이 벌어진다. 그런데 과식과 폭식은 알아채기 어려운 유혹이다. 그래서 거기에 맞서기 전에는 그 존재조차 식별하기 어렵다. 과식은 요부처럼 유혹한다. 오냐오냐 해 주어도 좋은 내색을 하지 않는다. 우리의 체중이 늘고, 허리가 굵어지고, 콜레스테롤 수치가 올라가고, 혈압이 높아지는 것을 보며 조용히 자신의 승리를 챙길 뿐이다. 그 사이에 우리의 영혼은 오그라든다. 이처럼 과식은 자신의 존재를 알리지 않고도 조용히 승리를 거둘 수 있다. 과식은 공로를 인정받는 데는 관심이 없다. 결과만 얻으면 그만이다.

하지만 단 한 번이라도 과식을 거부해 보라. 이는 마치 잠자는 경비견을 깨우는 일과 같다. 과식을 퇴치하기 위한 장기전에 돌입해 보라. 평생 떠나지 않을 불구대천의 원수를 얻게 될 것이다. 싸움이 이렇게 맹렬함에도 이 싸움에는 많은 유익이 있다.

첫째는 건강한 굴욕감이다. 이전에 나는 한 달 동안 자아를 부인하고, 음식 섭취를 주의하고, 운동량을 상당 수준으로 유지한 뒤에, 어느 날 아침에 일어나 저울에 올라가 보았다. 몸무게가 500그램이 더 늘어 있었다. "이게 뭐야?" 소리라도 지르고 싶었다.

혼자 힘으로는 이길 수 없는 싸움이 있다. 적어도 완승은 불가능하다. 그런 싸움에 부딪치면, 영혼에 낀 때가 씻겨 나가는 효과가 있다. 사람이 겸손해지는 정도가 아니라 아예 굴욕감이 들 정도다. 덕분에 나는 습관적인 죄와 싸우는 사람들에게 새삼 공감할 수 있게 되었다.

나는 빼야 할 살이 많은 편은 아니었으므로 자주 꼼수를 쓸 수는 없었다. 먹는 족족 결과가 나타났기 때문이다. 온종일 잘하다가도 저녁 식사 직전에 무너질 때도 있었다. 폭식은 아니었지만 그렇다고 식생활이 바른 것도 아니었다. 아예 영양가 없는 해로운 음식을 먹을 때도 있었다. 이로써 하루의 훈련이 수포로 돌아갔다. 패배가 승리보다 훨씬 잦아 보였다. 굴욕감이 들었다. 좋은 의미의 굴욕감이었다.

실패를 겪어 보면 남들이 어떻게 무너지는지도 이해하게 된다. 디트리히 본회퍼는 말하기를, 금욕^{끊임없는 육욕에 대하여 죽는 일}을 진지하게 받아들이는 그리스도인은 "육신의 반항심과 고질적인 교만을 남들보다 분명히 인식하게 되고, 자신의 나태와 방종을 자각하게 되며, 자신의 교만을 뿌리 뽑아야 함을 알게 된다"[5]고 했다.

이 싸움은 우리에게 굴욕감을 줄 수 있다. 하지만 솔직히 말해 보자. 때로는 적당량의 굴욕감이 우리에게 오히려 도움이 되지 않는가? 패배를 통해 우리는 하나님을 더 의지할 수 있다. 우리의 싸움은 어차피 불완전하므로 때때로 낙심이 찾아올 수밖에 없다. 하지만 그 낙심 덕분에 오히려 그리스도 안의 소망을 바라볼 수 있다. 낙심은 우리를 연단시키고, 그 연단 덕분에 우리는 나한테 죄를 짓는 사람들을 더 온유하게 대할 수 있다. 나 자신이 죄와 적극적으로 싸우고 있으면, 죄와 싸우는 다른 사람들을 향해서도 더 많은 인내심과 이해심과 자비심을 품게 된다. **나는 과식과 게으름에 맞서 싸우면서 율법주의에 빠진 게 아니라 오히려 공감이 더 깊어졌다.**

비록 어떤 기준을 중시한다 해도, 우리의 삶이 그 기준에 완벽하게 부합할 수는 없다는 것을 깨달아야 한다. 그리스도인을 위선자라고 비난하는 일이야말로 가장 더럽고 치사한 비난이다. 우리가 완벽주의를 부르짖지 않는 한, 그것은 불공정한 비난이다. 나는 온유함을 중시하지만 늘 사람들을 온유하게 대하지는 못한다. 건강한 삶을 중시하지만 늘 거기에 맞게 먹거나 행동하는 것은 아니다. 기도가 필수라고 믿지만, 사실은 기도를 더 자주 하지 못해 아쉽고, 더욱 기도하는 마음으로 살지 못해 아쉽다.

이렇듯 이 싸움을 통해 우리는 더 민감해지고, 굴욕감을 느끼며, 다른 희망이 없기에 하나님의 은혜에 의존하게 된다. 그 결과 더욱 "거룩하고 주인의 쓰심에 합당하며 모든 선한 일에 준비함"이 될 수 있다$^{딤후\ 2:21}$. 만일 우리가 자신만큼 훈련되지 못한 사람을 무조건 정죄하며 교만한 마음으로 살아간다면, 그런 우리는 과연 하나님의 쓰심에 얼마나 합당한 것인가? 죄를 너무 좁게 정의한 나머지 하나님께 의존하지 않고도 거뜬히 살아갈 수 있다면, 그런 우리는 과연 얼마나 거룩한 것인가? 그만큼 우리는 겸손하지 못할 것이고, 다른 사람들을 향해서도 자비심을 품지 못할 것이다.

내 경우 두 번째 영적 유익은 조급증, 정욕, 기타 죄에 대한 저항력이 더 강해졌다는 것이다. 과식과 폭식에 맞서면 마치 영적 페니실린이나 항생제를 먹는 것처럼 다른 욕구들까지 뿌리째 치료가 되는 것 같다. 저항력만 강해지는 정도가 아니라 다분히 유혹 자체가 시들해진다.

일전에 월마트의 주차장을 빠져나오려고 기다리던 중에 나는 그런 변화를 실감했다. 운전대만 잡으면 나의 성화^{聖化}는 여지없이 도전에 부딪친다. 마침 때는 한낮이었다. 인근의 다른 상점에는 내가 사려는 물건이 없어 그곳에 갔다. 물건을 샀으니 이제 돌아오기만 하면 되었다. 그런데 월마트는 원래 빨리 들어갔다 빨리 나올 수 있는 곳이 아니다. 적어도 이곳은 그랬다. 차들은 엉금엉금 기어 다녔고, 쇼핑객들은 러닝머신에서 달리는 것처럼 다리만 움직일 뿐 몸은 정지된 것 같았다. 계산대의 직원은 모든 물건에 대해 고객과 일일이 잡담을 늘어놓은 후에야 다음 고객에게 넘어갔다. 주차장에서 빠져나올 즈음이면 은퇴할 나이가 될 것 같았다.

그때 신기한 일이 벌어졌다. '상황은 달라지지 않을 것이다.' 마침내 내가 그 사실을 깨닫고 마음을 느긋하게 먹은 것이다. 아무리 내가 땀을 빼고, 시계를 흘긋거리고, 자동차 핸들을 연신 두드리고, 입으로 뭐라고 중얼거려도, 단 한 명의 쇼핑객이나 운전자나 계산대 직원이나 카트를 회수하는 사람도 갑자기 속도가 빨라지지 않을 것이다. 그래서 나는 편안히 앉아 느긋하게 상황을 받아들였고, 그 순간을 즐기려 했다.

배고픔과 더불어 사는 법을 배운 덕분에 인내심과 관련된 영적 근육이 강화되었던 것이 아닐까? <Runner's World>라는 달리기 전문지의 기고가인 크리스틴 암스트롱은 그것을 이렇게 표현했다. "달리기를 하면 몸과 사고와 정신이 단련되며, 각 부분의 건강 수준도 그만큼 향상된다."[6]

결국 내가 깨달은 것은 몸의 건강을 하나님께 드리고, 하나님께 의탁하고, 하나님과 협력하여 추구하면 영적, 정서적, 신체적으로 엄청난 유익을 누릴 수 있다는 것이다. 쉬운 싸움은 아니지만 내 경험으로 볼 때 충분히 가치 있는 싸움이다. 물론 평생 계속될 싸움이고 성공의 정도도 매번 달라지겠지만 말이다.

한 번 더 생각해 보기

1. 공식, 비공식으로 죄에 순위를 매기는 기독교 전통들이 있다. 당신도 혹시 그런 전통 출신인가? 부정적인 일의 목록에서 '몸 관리'는 어디쯤 있는가? 이렇게 순위를 매기는 일이 성경적으로 적절하다고 보는가?

2. 과식과 나태를 정욕이나 험담이나 기타 죄와 비교하기보다는 하나님의 임재에 대한 민감성을 유지하는 문제로 보면 더 도움이 된다. 당신은 이 말에 동의하는가? 왜 그렇거나 그렇지 않은가?

3. 배고픔과 관련된 당신의 이력을 말해 보라. 당신은 배고픔에 대해 생각할 때가 있는가? 배고픔을 두려워하는가? 당신은 과거의 경험 때문에 배고픔에 특히 약한 사람인가? 이번 장에서 배고픔에 대한 새로운 관점이나 통찰을 건진 것이 있는가?

4. 저자는 자신의 식탐과 나태에 대응하는 과정을 통해, 다른 죄로 씨름하는 사람들에 대한 공감이 깊어졌다고 고백했다. 이것은 당신에게 뜻밖으로 다가왔는가? 죄로 힘들어하는 사람들에게 공감을 품는 부분에서, 당신은 현대 교회가 얼마나 잘하고 있다고 보는가?

05. **불공정**한 싸움 : 보여지는 것에 속지 말라

혹시 혼선이 있을까 하여 미리 못 박아 두거니와 지금 나는 날씬함과 거룩함을 연결하는 게 아니다. 거룩함의 근거는 **우리**의 군살 없는 몸이 아니라 충족한 제물로 드려진 **예수님**의 찢기고 상하신 몸이다. 살을 10킬로그램 뺀다고 하나님이 당신을 더 사랑하시는 것도 아니고, 10킬로그램 찐다고 덜 사랑하시는 것도 아니다. 여기 영광스러운 진리가 있다. 몸이 **빼빼** 말랐든 통통하든 과체중이든 비만이든, **그리스도**께서 이미 이루신 일 때문에 **우리는 모두** 하나님이 "기뻐하시는 거룩한"롬 12:1 존재다.

순전히 의학적 관점에서만 보아도, 교만하게 다른 사람들을 비판하는 것은 어리석은 일이다. 이전에 나는 나이가 60대인 의사이자 의대 교수를 만난 적이 있다. 대학 시절에 운동선수였던 그는 평생 날씬했다. 그런데 무서운 병으로 목숨을 잃을 뻔한 뒤로 의사의 처방에 따라 장기간 프레드니손을 복용했다. 프레드니손은 다양한 장애에

투여되는 치료용 스테로이드다. 이 약을 투여하면 체중이 불게 되어 있다. 과식이나 게으름 때문이 아니라 **체내의 화학 작용** 때문이다.

내가 만난 또 다른 사람은 반평생을 체중 문제로 씨름해 왔다. 그녀는 20대 초반에는 아주 날씬했고, 여러 명의 프로 운동선수들과 데이트도 했다. 그런데 강간을 당한 뒤로, 유년기에 한 친척에게 장기간 성폭행을 당했던 기억이 자꾸 되살아났다. 그래서 방어 기제로 과식하기 시작했다. 성적인 매력과 거리가 멀어지면 성폭행을 당할 일이 더는 없어지리라 생각한 것이다.

체중을 늘려 보상을 얻으려 한 그 선택은 본인도 인정했다시피 건강한 선택이 아니었다. 하지만 그녀에게 과식을 **무조건 그만두라**고 한다면 얼마나 비정한 일이 되겠는가? 그렇게 쉬운 문제가 아니다. 그녀는 깊은 상처를 입었고, 그런 방법이라도 써야 할 이유가 있었다.

현재 그녀는 나쁜 식습관과 싸우고 있다. 그런데 사람이 일단 웬만큼 살이 찐 후에는 몸이 되돌아가지 않으려 저항한다. 그녀도 식생활을 고치고 있지만, 체형을 되찾는 것은 간단한 문제가 아니다. 그녀를 얕보거나 비판한다든지 그녀의 몸을 순전히 게으름이나 영적 나약함의 결과로 본다면, 그것은 지극히 부당하고 불공정한 처사다. 그동안 그녀가 음식과의 해로운 관계를 극복하고자 보여 준 노력은 대단했다. 일주일간의 집중 치료 프로그램에 참석했고, 여러 소그룹에 참여했으며, 위장 접합 수술 후에 거의 죽을 뻔한 적도 있었다. 물론 그녀는 아직 체중이 꽤 나간다. 하지만 그녀의 노력이 부족하다고 말한다면 그것은 터무니없고 잔인한 일이다. 노력의 성과가 아직 몸에 다 나타나지 않고 있지만, 그렇다고 노력하지 않았다는 뜻은 아니다.

여러 자녀를 출산한 여성은 어떨까? 셋째나 넷째를 낳은 뒤로 살을 빼지 못한다고 비난한다면 이 또한 우선순위가 심각하게 뒤바뀐 것이다. 그녀의 몸은 속옷 광고업자의 흥미를 끌지는 못한다. 하지만 여러 명의 생명(하나님의 형상을 지닌 존재이자 하나님 나라의 일꾼이 될 수 있는 자녀들)을 세상에 내보낸 몸이다. 그 신성한 사명만으로도 하나님이 기뻐하시는 거룩한 몸이다.

아무에게나 무조건 특정한 체형을 요구하는 것은 부당한 일이 될 수 있다. 프린스턴 대학교의 R. 마리 그리피스 교수는 날씬한 몸매를 강조하다가 자칫 인종적 편견과 계층적 편견을 부추길 수 있다고 경고한다. 맞는 말이다. 통계적으로 아시아인이 백인보다 훨씬 날씬한 경향이 있지만, 날씬한 몸매는 흔히 백인의 이상理想이다. 반대로 비만으로 고생하는 사례는 백인보다 흑인이 더 많다.[1] 계층적 요소도 빼놓을 수 없다. 헬스클럽에 다닐 돈과 특정한 종류의 음식을 살 수 있는 돈이 있는 사람은 몸을 관리하기가 훨씬 쉽다. 그 두 가지 이점을 누리려면 여가도 충분히 있어야 한다. 날씬한 상태가 비만인 상태보다 우월하다는 판단은 계층 지향적 편견을 부추기고 정당화할 수 있다.

사람을 외모로 판단하는 또는 판단하도록 부추기는 일이야말로 내 취지와 전혀 거리가 멀다. C. S. 루이스는 내가 떠올릴 수 있는 가장 똑똑한 영성 작가다. 그의 글은 지난 세기의 어느 기독교 작가보다도 훨씬 널리, 자주 인용되고 있다 마땅히 그럴 만하다. 그런데 루이스는 단연코 날씬한 사람은 **아니었다**. 그가 책을 덜 쓰고 마라톤을 더 하거나 수영으로 영불해협을 건너거나 자전거로 스코틀랜드까지 왕복했다면, 과연 그의 삶이 더 충만해졌을까? 그렇다고 말한다면 그것은 터무니없는 일이 될 것이다.

여기 엄연한 현실이 있다. 몸매 관리는 공정한 싸움이 아니다. 유전적으로 몸이 더 호리호리한 종족이 있고, 그 종족 내에서도 남보다 날씬한 가문이 있다. 나로서는 부러운 일이다. 우리 토마스 가문은 통통해지기 쉬운 유전자를 물려받았기 때문이다.

교회는 모든 사람을 영광에서 영광으로 부르는 은혜와 치유의 장이 되어야 한다. 날카로운 정죄와 판단의 장이 되어서는 안 된다. 30여 년 전 가수 캐런 카펜터는 어느 콘서트 비평가가 던진 한 마디 체중에 대한 비판의 말 때문에 길을 잘못 들어, 결국 거식증으로 목숨을 잃었다. 그녀는 아주 젊고 재능이 뛰어났고 매혹적인 목소리를 가지고 있었다. 그래서 그녀의 요절은 더욱 가슴 아프게 한다. 이러한 현실을 고려하여 우리는 체중에 대해 무분별하게 비판적으로 말하지 않도록 조심해야 한다. 우리의 말이 엉뚱한 문맥에 놓이면, 젊은 사람 하나를 헛된 싸움으로 떠밀어 그야말로 생명을 앗아갈 수도 있다. 그런가 하면 인간의 욕구를 노리고 부채질하는 문화도 있다. 그런 문화 속에 살아가는 사람들에게도 우리는 이해심을 품어야 한다.

하루 세 끼의 만찬

풍요한 나라에 사는 대부분의 현대 그리스도인들은 **어떤 종류의 식탐이든** 식탐의 위기에서 벗어날 수 없다. 그 이유는 다분히, 이토록 재주 좋게 비만을 양산한 사회가 일찍이 없었기 때문이다.[2] 명심하라, 북미에서 매일 먹는 가장 평범한 **점심**(육류와 채소와 음료에 어쩌면 디저트까지)은 구약 시대의 **만찬**에 해당한다. 저녁이 아니라 점심이 그렇듯! 우리는 특정한 메뉴, 특정한 양, 특정한 구색을 갖춘 음식을 하루에 두세 끼씩 당연히 기대한다. 이는 성경의 현실과 고대의 경고에 비추어 보면 터무니없이 과한 것이다.

데이비드 케슬러 박사가 시행한 "미국인의 과식에 관한 연구"에 따르면, 식품 제조업자들은 우리를 특정 종류의 음식에 거의 중독되게 만드는 지방, 당분, 염분의 완벽한 배합률을 찾아냈다. 또한, 그들은 음식을 가공하여 거의 씹을 필요가 없게 만든다. 게걸스레 삼켜서 계속 음식물을 속에 쌓기만 하면 된다. 그래서 먹는 과정은 더욱 즐거워진다. 한 연구자는 "이런 음식을 먹으면 자기도 모르는 사이에 이미 500, 600, 800, 900칼로리가 섭취되어 있다"고 지적했다. 케슬러의 결론을 보면 우리가 거의 생각 없이 걸신들린 듯 먹어대는 이유를 알 수 있다. "가공식품은 그냥 입속에서 녹는다."[3]

과식과 비만에 맞선 싸움을 몹시 어렵게 만드는 요소가 있다. 영리가 목적인 기업들은 무조건 맛있고, 먹기 쉽고, 저절로 살살 녹는 음식물의 완벽한 배합을 찾아낸다. 게다가 연구자들이 말하는 '첫 입맛' 음식이 입에 들어가는 순간에 즉시 느껴지는 감각까지 갖춘다. 식품 제조업자들은 이 모든 요소를 공격적으로 조작하여 제품에 대한 수요를 높인다.

그들이 당신을 과녁으로 노리고 있다고 느껴진다면, 그 느낌이 사실이다. 어느 벤처 자본가가 기탄없이 실토했듯이 "목표는 당신을 낚는 것이다."[4] 그들은 음식을 가공하는 요령을 찾아내 우리의 감각 기능을 아예 바꾸어 놓았다. 케슬러는 "심리적 보상이 큰 음식은 강화 효과가 있다. 먹을수록 기분이 좋아져 또 먹고 싶어지기 때문이다"[5]라고 했다.

여기 당신과 내가 당면하고 있는 현실이 있다. 이것을 보면 식습관을 바꾸기가 왜 이렇게 어려운지 알 수 있다.

뻔한 행동 양식에 두뇌 회로가 길들면 우리는 미끼, 충동, 보상, 습관의 사이클에 빠져든다. 똑같은 행동에 이미 익숙해져 있기 때문에 자꾸 그것을 반복한다. … 그쯤 되면 우리는 말 그대로 거의 생각이 없어진다.⁶

미끼는 이를테면 텔레비전이나 잡지 광고에 나오는 완벽하게 준비된 음식물이다. 그런 미끼를 보면 "이것을 먹어야겠다!"는 **충동**이 생긴다. 이 충동에 굴하면 즉각 **보상**이 돌아온다. "와, 정말 맛있는데! 먹고 나니 정말 기분이 좋다." 그 과정을 몇 번만 반복하면 어느새 **습관**이 된다. 처음의 미끼가 무모한 욕구로 변하여 나중에는 중독으로 발전될 수 있다.

교회는 교인들에게 이러한 현실을 의식적으로 경고해야 하며, 성경적이고 실제적인 지식으로 그들을 무장시켜야 한다. 그렇지 않으면 하나님 나라의 동료 시민을 식품 제조업자들의 밥이 되도록 내버려두는 것이다. 그 회사들은 우리가 비참하게 무너져야 돈을 번다. 그들의 목표는 우리의 영과 육에 해로운 제품을 아무 생각 없이 소비하게 하는 것이다. 그런 제품을 계속 먹으면 건강만 나빠지는 게 아니라 결국 우리가 전하는 복음에도 걸림돌이 된다.

<International Journal of Obesity>국제 비만 잡지 2010년 4월호에 아주 흥미로운 연구가 실렸다. 고금의 역사 속에 등장한 '최후의 만찬' 그림들을 조사한 연구다. 최후의 만찬은 기독교 역사에서 매우 중요한 사건인 만큼, 모든 시대의 화가들이 그림 속에 저마다의 해석을

남겼다. 식탁 위의 음식물을 제자들의 몸과 머리의 크기에 대비한 결과, 연구자들은 몇 가지 놀라운 결론에 도달할 수 있었다. 1000년에서 2000년 사이에 예수님과 제자들 앞에 놓인 주요리의 크기는 69퍼센트, 접시의 크기는 66퍼센트, 빵 덩이는 23퍼센트가 각각 커졌다. 크기가 가장 커진 시기는 1500년대 이후였다.[7]

성경에는 빵과 포도주만 언급되어 있으나 후기의 그림들에는 생선, 양고기, 돼지고기, 기타 진미가 더해져 있다. 풍요로운 사회에서 자란 우리는 굳이 생각하거나 따져 볼 것도 없이 특정 수준의 식사를 당연히 기대한다. 그 화가들도 일부러 요리를 더 크게 그린 것이 아니라 자기 시대의 경험을 바탕으로 그렇게 가정한 것뿐이다. 그들이 가정한 음식의 양은 지난 몇 세기 동안 계속 더 늘어나고 있다.

우리 딸이 네덜란드에서 온 교환 학생과 친구가 되었는데, 그 학생이 나에게 하는 말이, 자기가 미국에 와서 가장 놀란 것 중 하나는 접시가 크고 끼니마다 음식량이 많은 것이라고 했다. 이 모두가 의미하는 바는 이것이다. 건강이 좋아지려면 우리를 대적하는 모든 신체적, 영적, 문화적 유혹에 맞서 싸워야 한다.

 겸손의 렌즈로 건강을 보라

오늘의 몸 상태를 보면 우리의 과거를 알 수 있다. 그동안 우리는 운동을 할 것인지, 어떤 음식을 먹을 것인지에 대해 수십만 번, 어쩌면 수백만 번도 더 결정을 내렸다. 당신의 과거를 모르고는 누구도 당신을 비판하거나 칭찬할 수 없다. 당신이 부딪쳤던 싸움을 우리는 모른다. 당신의 체질도 모른다. 당신은 아무리 운동하지 않고 마음대로 먹어도 통 살이 찌지 않는, 유독 날씬한 집안 출신일 수도 있다. 아니면 짭짤한 크래커를 하나만 먹어도 유전자가 응징을 가해 올 수도 있다.

우리가 **통제할 수 있는** 부분은 앞으로의 방향이다. 그동안 건강하지 못했다면 이제부터 **육적** 문제의 배후에 깔린 **영적** 이슈를 공략하면 된다. 그것을 영적 훈련으로 삼아 매진하면 된다. 아무리 과체중인 사람도 하루하루 책임감 있는 식생활과 운동으로 하나님을 영화롭게 한다면, 하나님 **쪽으로** 가고 있는 것이다. 그것이 그분을 기쁘시게 한다. 그러나 아무리 날씬한 사람도 아무 거나 마음대로 먹는다면, 하나님의 임재에 점점 무디어지는 영적 피해를 자초하는 것이다. 그런데도 본인은 그걸 아예 모르고 있을 수 있다.

우리의 싸움은 **오늘**이다. 하나님의 은혜 덕분에 어제는 더 이상 중요하지 않다. 하나님의 소망 덕분에 내일에 대한 염려는 불필요하다. 우리는 **이번 달, 오늘, 이 시각에** 하나님께 최선을 다하고 있는가? 먹거나 먹지 않는 음식으로 그분을 영화롭게 하고 있는가? 몸을 적절히 관리하고 있는가?

그렇다면 건강을 잃은 지도자나 부모도 아직 희망이 많다는 뜻이다. 우리는 은혜와 용서의 복음을 받았다. 따라서 과거 때문에 앞으로 섬길 자격까지 잃는 것은 아니다. 얼마나 다행한 일인가? 목사나 부모는 이렇게 말할 수 있다. "그동안 나는 삶의 이 부분에서 마음만큼 충실하지 못했습니다. 하나님이 그것을 지적해 주셨음을 솔직히 인정합니다. 지금부터 이 문제에 함께 부딪치겠습니다."

그런 사람은 선도자가 될 수 있다. 잘못을 자각하고, 회개하고, 성령께 의존하여 변화를 체험하는 본보기가 될 수 있다. 어떤 의미에서 그런 지도자는 더 이점이 있다. 이미 날씬하고 균형 잡힌 사람보다 그런 사람의 진보가 훨씬 눈에 잘 띄기 때문이다. 앞으로 자녀나 직원이나 교인은 이런 싸움에 부딪칠 때마다 이 선도자의 변화된 모습을 보며 이렇게 말할 수 있다. "하나님이 저 사람을 변화시켜 주셨으니 나도 변화시켜 주실 것입니다."

어떤 지도자든 이 문제를 진지하게 받아들이고 내가 말하는 여러 유익을 직접 체험하기 시작하면, 그들도 영육 간의 건강을 열렬히 옹호하는 사람이 될 것이다. 그런 경우를 나는 종종 보았다. 결과는 정말 놀랍다.

우리는 겸손이 최고의 덕목임을 기억하고 겸손의 렌즈로 건강을 보아야 한다. 겸손을 실천하는 공동체를 만들어 나가야 한다. 그러면 이 문제를 비판과 정죄가 아니라 격려와 응원의 관점에서 볼 수 있다.

한 번 더 생각해 보기

1. 로마서 12장 1절을 읽으라. 몸을 드리는 것이 어떻게 영적 예배가 되는가? 우리의 몸이 "하나님이 기뻐하시는 거룩한" 제물이라는 바울의 말은 자신의 몸을 보는 그리스도인들의 관점에 어떤 영향을 줄 수 있겠는가?

2. 당신은 식품 제조업자들이 음식을 가공하여 소비자들에게 판매하는 배후 원리를 알고 있었는가? 교회는 어떻게 이런 공격에 맞설 적절한 대응책을 모색하도록 도울 수 있겠는가?

3. 부모나 지도자가 이 부분에서 자신에게 훈련이 부족했음을 인정한다면, 다른 사람들도 감화를 받고 이 문제를 생각해 볼 수 있을 것이다. 부모나 지도자가 그것을 인정할 방법을 몇 가지 생각해 보라.

4. 어떻게 하면 교회가 식탐과 나태의 문제를 '비판과 정죄가 아니라 격려와 응원의 관점에서' 다루어 나갈 수 있겠는가?

골골 80세
No!
팔팔 100세
Yes!

2부

06. **비만**은 죄인가? **식탐**이 죄인가?

M&M 초콜릿 한 알의 값은 대략 10원이 안 된다. 3년 된 혼다 CR-V 한 대의 값은 대략 2천만 원쯤 된다. 나는 하마터면 그 둘을 바꿔치기할 뻔했다. 내 삶의 우선순위가 가장 미련하게 뒤바뀌었을 때 중 하나였다.

한번은 내가 고속도로를 달리면서 입안에 M&M을 던져 넣고 있는데 한 알이 빗나가 차 바닥에 떨어졌다. 운전 중이라는 사실조차 잊은 채 나는 그 10원짜리 초콜릿 알갱이를 집으려고 사투를 벌였다. 운전 중에 핸들이 홱 꺾이고 나서야 그게 얼마나 미련한 짓인지 깨달았다. 2천만 원짜리 자동차는 물론 그야말로 내 목숨까지 어쩌면 다른 사람의 목숨까지도 날아갈 뻔했다. 설탕을 입힌 조그만 초콜릿 하나를 얻자고 말이다.

'죄'의 개입 여부를 떠나, 더할 나위 없이 미련하고 무모한 짓이었던 것만은 분명하다. 지혜와는 거리가 멀었다. 같은 맥락에서 나는 몸 관리를 논할 때 '지혜'와 '청지기'라는 말을 쓰는 게 가장 유익하다고 본다. 그래도 어떤 독자들은 이런 생각을 하고 있을 것이다.

"어쨌든 질문에 답해 보라. 비만은 죄인가?"

비만이 죄냐는 질문에 답하려면 성경의 증언을 보아야 한다. 옛사람들의 기독교 고전을 보면 식탐을 비난하는 말이 많이 나온다. 그래서 나는 성경에도 식탐이나 과식이나 폭식을 명백하고 신랄하게 비난하는 구절이 20~30개쯤은 있을 줄 알았다. 하지만 사실 성경에는 식탐에 대한 말이 많이 나오지 않는다. 직간접으로 몇 군데 언급되어 있기는 하지만 내가 예상했던 것만큼 많지는 않다.

성경의 증언

식탐을 가장 명백히 비난하는 듯 보이는 구절 중 하나는 빌립보서 3장 19절이다. "그들의 마침은 멸망이요 그들의 신은 배요 그 영광은 그들의 부끄러움에 있고 땅의 일을 생각하는 자라." 하지만 이 구절에 쓰인 배^{koilia}라는 헬라어 단어는 포괄적인 용어로, 실제 배를 가리킬 수도 있지만 또한 몸의 전반적 욕구를 의미할 수도 있다. 따라서 이 말씀이 음식에 해당될 수 **있는** 것은 분명하나 반드시 그런 것은 아니며, 적어도 배타적으로 음식만 가리키는 것은 아니다. 잠언 23장 19~21절에는 가장 확실한 경고가 나온다.

내 아들아, 너는 듣고 지혜를 얻어
네 마음을 바른 길로 인도할지니라.
술을 즐겨 하는 자들과
고기를 탐하는 자들과도 더불어 사귀지 말라.
술 취하고 음식을 탐하는 자는 가난하여질 것이요
잠자기를 즐겨 하는 자는 해어진 옷을 입을 것임이니라.

과식과 과음을 직접적으로 명백히 비난하는 말씀이다. 하지만 여기에 함축된 의미도 건강이라는 주제와는 거리가 있다. 이 말씀은 과식과 과음 자체가 반드시 건강에 해롭다기보다는 가난을 부를 수 있다는 뜻이다.

잠언 23장 2절은 조언하기를 "네가 만일 음식을 탐하는 자이거든 네 목에 칼을 둘 것이니라"라고 하면서, 특히 권력자의 집에서 그리하라고 했다. 하지만 문맥을 보면 이 말씀은 나를 고용하거나 해고할 권한을 가진 사람 앞에서 절제를 보여야 한다는 내용이지 식탐이나 방종에 관한 내용이 아니다. 건강한 식생활에 대한 말씀이라기보다는 사회의식에 대한 말씀이다.

잠언 25장 27절에는 단것을 너무 밝히지 말라는 경고가 나온다. "꿀을 많이 먹는 것이 좋지 못하고." 아무리 좋은 것도 **지나치면** 나빠질 수 있다는 원리다. "너는 꿀을 보거든 족하리만큼 먹으라. 과식함으로 토할까 두려우니라"^{잠 25:16}.

전도서의 저자는 식탐과 과식의 특성은 만족을 모르는 것이라고 지적한다. "사람의 수고는 다 자기의 입을 위함이나 그 식욕은 채울 수 없느니라"^{전 6:7}. 그런가 하면 솔로몬은 "음식을 탐하는 자와 사귀는 자"는 자기 아버지에게 욕이 된다고 했다^{잠 28:7}.

구약의 가르침은 거기까지다. 유념할 것은 식탐에 관한 구약의 가르침이 대부분 지혜 문학에 나온다는 사실이다. 신학교에 1년만 다녀도 누구나 알듯이, 지혜 문학을 이를테면 십계명이나 예수님의 직접적인 가르침과 똑같이 취급해서는 안 된다. 물론 지혜 문학도 나머지 성경처럼 전적으로 하나님의 영감으로 기록된 것이지만, 지혜 문학의 취지는 일반 원리를 제시하는 것이지 율법을 밝히는 것이 아니다. 따라서 그 점을 고려하여 읽어야 한다.

신약에 오면 바울이 고린도전서에서 식탐과 과식을 간접적으로 언급하고 있다. "그런즉 너희가 먹든지 마시든지 무엇을 하든지 다 하나님의 영광을 위하여 하라"^{고전 10:31}. **간접적**이라고 말한 이유는 바울이 다루고 있는 주제가 우상에게 바쳐진 음식을 먹는 것이 가하냐 하는 문제이기 때문이다. 그는 지금 딱히 절제의 문제를 다루고 있는 것이 아니다. 같은 편지의 앞부분에 그는 "음식은 배를 위하여 있고 배는 음식을 위하여 있으나 하나님은 이것 저것을 다 폐하시리라"^{고전 6:13}라고 썼다. 하지만 이 말은 성적 부도덕을 경계하는 문맥 속에 나온다. 바울은 지금 고린도 교인들이 먼저 인용한 말에 답변하고 있는 것으로 보인다. 그가 이 구절에서 강조하는 것은 우리의 몸이 주를 위하여 있으므로 함부로 남용해서는 안 된다는 점이다.

간접적인 예가 또 있다. 바울은 크레타 사람들을 "배만 위하는 게으름뱅이"라 표현하며 그들을 엄히 꾸짖어야 한다고 했다[딛 1:12~13]. 적어도 이렇게 말하면 무방할 것이다. 바울은 음식을 지나치게 탐하는 사람들을 좋아하지 않았다.

신약의 내용도 그 정도다. 분명히 성경은 식탐과 방종을 부정적으로 보지만 그렇다고 성적인 죄, 게으름, 물질만능주의, 기타 많은 사회악을 비난하듯이 그렇게 직접적이고 한결같이 그것을 비난하지는 않는다. 따라서 우리는 공정하게 이렇게 정리할 수 있다. 성경의 증언은 우리에게 식탐과 방종을 조심하라고 경고하지만, 그 가르침은 비교적 짤막하고 꽤 간접적이다.

여기서 염두에 둘 것이 있다. 성경이 기록되던 대부분 시기에, 사람들은 기아에 맞서 싸웠다. 그들이 살던 땅에는 오늘 우리가 누리는 것처럼 음식의 종류가 많거나 양적으로 풍부하지 못했다. 기근과 결핍의 시대를 사는 사람들에게 과식하지 말라고 경고했다면 당연히 어이없게 보였을 것이다. 내 생각에 바울이 지금 편지를 쓴다면 과식의 문제를 더 직접적으로 다룰 것이다. 물론 추측일 뿐이지만, 그래도 성경에 이미 나와 있는 간접적 경고들에 비추어 볼 때 나는 그것이 **공정한** 추측이라 본다. 동시에 우리는 하나님의 섭리를 믿어야 한다. 그분은 영혼의 건강에 꼭 필요한 도덕적 지침이라면 성경에 이미 다 담아 두셨다. 따라서 우리는 바리새인들처럼 성경의 원리에 근거하여 자꾸 새로운 '율법'을 만들어내는 일 따위는 하지 않아도 된다.

이런 맥락에서 나는 교회가 운동 부족과 식탐보다는 가난한 자들을 향한 공감의 결핍물질만능주의과 성적 부도덕에 초점을 맞추는 것이 타당하다고 믿는다. 자칫 우리는 어느 한 가지 이슈에 침묵하는 오류를 범할 수 있으나, 그나마 다행인 것은 우리가 성경이 덜 말하고 있는 이슈에 침묵하고 있다는 점이다.

그러므로 비만이 죄라는 말은 적합하지 않다고 본다. 알코올 중독은 죄인가? 물론 아니다! 하지만 술 취하는 것은 죄다. 늘 폭식을 일삼는다면 죄가 될 수도 있지만, 폭식만이 과체중의 원인은 아니다. 따라서 비만을 무조건 죄로 단정하는 것은 옳지도 않거니와 무자비한 일이다. 게다가 비만의 기준이 무엇인가? 체질량 지수는 성경에 나오지 않는다. 요컨대 내 생각은 이렇다. **죄가 우리를 과체중으로 이끌 수 있지만, 과체중 자체가 죄는 아니다.**

그런데 기독교 영성의 역사에서 식탐과 방종은 지대한 관심의 대상이었다. 그것을 무시한다면 어리석은 일이 될 것이다. 잭 니클라우스와 타이거 우즈와 아놀드 파머와 샘 스니드는 하나같이 골프 스윙을 향상하는 법에 대해 똑같은 조언을 했다. 그것을 무시하고 나쁜 동작을 고집한다면 미련한 일이 될 것이다. 수많은 기독교 고전 작가들이 우리에게 식탐을 조심하라고 말해 주었다. 그렇다면 그 말에 주의하는 것이 현명하다.

옛사람들의 증언

초대 교회의 교부인 크리소스톰은 이런 경고로 기반을 다졌다. "배가 신이 되면 몸 전체를 집어삼킨다. 하나님이 모래를 바다에 묶어 두셨듯이 우리도 몸을 절제에 묶어 두어야 한다."[1] 그보다 더 강경하게 말한 적도 있다.

"몸은 간음이나 식탐을 위해 지어진 것이 아니다. 몸은 그리스도를 머리로 모시고 그분을 따르도록 지어졌다. 그런 큰 악으로 몸을 더럽힌다면 우리는 마땅히 수치와 두려움에 잠겨야 한다."[2] 크리소스톰과 같은 시대 사람인 제롬은 이렇게 덧붙였다. "고기를 먹고 포도주를 마셔 배를 채우는 일은 정욕의 온상이다."[3]

옛사람들은 식탐과 나태가 우리를 나약하게 만들고, 다른 죄들, 특히 정욕에 더욱 약해지게 한다고 믿었다. 요한 클리마쿠스가 7세기에 쓴 「거룩한 등정의 사다리」은성는 가장 널리 읽히는 금욕*금욕의 어원적 의미는 단련, 훈련, 연습이다. 금욕주의는 혼자서나 작은 무리로 이루어진 엄격한 생활을 강조했고, 대개 기도와 묵상과 청빈에 헌신했다. 절제와 금식과 순종으로 이루어진 검소한 삶이었다. 안내서인데, 거기서 그는 식탐을 '정욕의 괴수'라 했고, 배를 '인간의 모든 파멸의 원인'이라 했다.[4] 그는 식탐의 큰 위험을 이렇게 지적했다. "작은 일에 불충한 사람은 큰일에도 불충한 법이며, 그것을 제어하기란 몹시 어렵다."[5] 그는 또 "배를 철저히 제어하는 사람은 혀의 허튼소리도 더 쉽게 제어할 수 있다"[6]고 덧붙였다. 요즘 식으로 말한다면, 뷔페식당에서 절제할 줄 모르는 사람은 권력이나 험담이나 야망의 죄 앞에서 참패를 당하기 쉽다.

요한 클리마쿠스도 제롬처럼 식탐과 정욕이 특별한 연관이 있다고 보았다. "배를 좇아 살면서 간음의 정신을 제어하려는 사람은 기름으로 불을 끄려는 사람과 같다."[7] 이것은 소중한 교훈이다. 전반적 자제력을 떨어뜨리는 다른 약점들을 보완하면, 간접적으로 정욕을 공략할 수 있다.

서로 다른 악의 연관성은 오늘의 교회가 되찾아야 할 교훈이다. 하나의 덕목에 성숙하면 다른 모든 면의 성품에 도움이 되듯이, 한 부분의 타협은 전체를 위험에 빠뜨린다. 제방에 구멍이 하나만 뚫려도 홍수에 와르르 무너질 수 있다. 구멍이 교만이든 식탐이든 정욕이든 야망이든 원한이든 질투이든 그것은 관계없다. 하나의 악이 멋대로 날뛰면 거기서 많은 결과가 파생된다.

프랑소아 페넬롱*「그리스도인의 완전」(브니엘)이라는 유명한 고전을 쓴 18세기의 작가다. 은 이렇게 경고했다. "작은 일에 소홀한 영혼은 불충에 익숙해진다. 그것이 가장 위험한 일이다."[8] 아주 중요한 말이라 한 번 더 반복하고 싶다. **"작은 일에 소홀한 영혼은 불충에 익숙해진다."** 이 요지가 당신에게 꼭 전달되었으면 좋겠다.

오늘의 교회가 식탐을 비교적 '작은 일'로 보고 있음은 의심의 여지가 없다. 우리가 이 주제에 침묵하고 있는 것만으로도 그 충분한 증거가 되고도 남는다. 하지만 '작은 일' 때문에 우리가 불충에 익숙해진다면 그 피해는 클 수 있다.

유혹이란 참으로 교활한 것이다. 식탐의 가차 없는 위력 앞에서 우리 마음의 경건한 열정은 자꾸 식어간다. 그런데도 그냥 두면, 거의 눈에 띄지 않게 마음이 점점 굳어진다. 진짜 질문은 이것이다. 나의 식습관은 서서히 나를 하나님과의 친밀한 동행에서 멀어지게 하고 있는가? 나에게 음식은 필수 영양분을 공급해 주는 이로운 것인가, 아니면 하나님의 음성과 임재에 점점 더 둔해지게 하는 해로운 것인가? 음식을 통해 나는 나만의 만족을 위해 살아가는 사람이 되어가고 있는가, 아니면 음식으로 힘을 얻어 다른 사람들의 필요를 돌아보고 있는가?

디트리히 본회퍼는 「나를 따르라」 대한기독교서회에 이렇게 말했다.

절제의 엄격한 실천은 그리스도인의 삶에 필수 요소다. … 방종하고 나태한 의지는 주님을 섬기려는 마음이 없다. 그런 의지를 훈련하고 육신을 낮추고 연단하는 데 금식이 도움이 된다. … 우리의 삶에 금욕의 요소가 전혀 없이 육신의 욕망에 멋대로 놀아난다면 … 그리스도의 종으로 훈련되기 힘들다.[9]

✤ 식탐은 영혼을 무디어지게 한다

윌리엄 로는 「경건한 삶을 위하여」 크리스챤다이제스트에 이렇게 경고했다.

노골적으로 식탐과 방종에 젖어 살아가는 사람들에 비하면, 그냥 너무 많이 먹고 마시는 사람은 그런 삶의 여파를 잘 느끼지 못한다. 후자의 방종은 세상의 눈으로 보기에 수치스러운 일이 아니며, 본인의 양심에도 별로 찔리지 않는다. 하지만 그런 삶은 덕을 기르는 데 언제나 큰 방해가 된다. 그래서 그 사람은 눈이 있어도 보지 못하고, 귀가 있어도 듣지 못하게 된다. 영혼에 육욕이 스며들고 몸의 정욕이 더 강해져 참된 신앙심에 들어설 수 없다.[10]

요한 클리마쿠스는 분노나 정욕을 정면으로 공략하기보다 식탐과 싸울 것을 권했다. "먹는 양을 겸손히 줄이면 정욕도 그만큼 줄어들 것이다. 마음이 무디면 생각도 둔해지고, 음식이 넘쳐나면 눈물샘이 마른다."[11]

클리마쿠스가 말하는 '눈물샘'이란 하나님께 겸손히 회개하는 자세를 가리킨다. 자신에게 그분이 필요함을 인정하고, 늘 회개의 마음가짐으로 살아간다는 뜻이다. 우리 현대인들의 모습과는 꽤 거리가 있다. 이유는 설명할 수 없지만, 내가 경험을 통해 아는 것이 있다. 음식을 잘 절제하고 있을 때는 하나님 생각을 더 많이 하게 된다는 것이다. 하루 세끼를 계속 뷔페식으로 아침은 거하게, 점심은 배불리, 저녁은 푸짐하게 먹으면, 하나님의 임재가 잘 느껴지지 않는다. 하나님의 임재에 대한 민감성을 유지하기 어렵다.

나는 장기 금식을 잘하지 못한다. 내가 장기 금식을 힘들어하는 이유는 기운이 빠져 아무 일도 할 수 없기 때문이다. 당신도 그런 경우라면 아마 나처럼 단기 금식에서 더 많은 유익을 얻을 것이다. 단기 금식은 비교적 짧은 시간 동안 일정한 음식이나 식사를 금하는 것이다. 어쩌면 이런 금식이 더 힘들 수도 있다. 왜냐하면 매주 한 번이나 매월 한 번만이 아니라 매일 식습관과 싸워야 하기 때문이다.

단기 금식은 '아침부터 저녁까지' 또는 '저녁부터 아침까지' 식으로 할 수 있고, '점심부터 저녁까지'도 가능하다. 전통적 금식을 실천하는 사람들에게는 이것이 한심하고 나약해 보일지 모르지만, 그래도 유념해야 할 것이 있다. 일부 연구에 따르면 많은 미국인을 무너뜨리는 주범은 간식이다. 프랑스에는 하루 중의 일정한 시간 중에만 음식을 먹는 문화적 규범이 있어, 과식이 원천적으로 예방된다. 그래서 일반적으로 프랑스인이 더 날씬하다. 그러나 북미 사람들은 끼니 사이에 간식을 많이 먹는 경향이 있어, 대개 전체적인 열량 조절이 잘 안 된다. 그래서 나는 단기 금식을 열렬히 지지한다. 예컨대 저녁을 먹고 나서 양치질을 한 후에 아침까지 금식을 선포하는 것이다. 덕분에 12시간 동안 아무것도 먹지 않게 되고, 그래서 유혹의 기간도 절반으로 줄어든다. 그뿐 아니라 홀가분하게 집중하여 하나님을 섬길 수 있다. 그날의 필수 영양분이 채워졌으니 다른 일에 집중할 수도 있다.

❀ 가르침의 적용

일반적 금식과 지독한 훈련도 아무런 목적 없이 그냥 경건을 위해서 하면 정죄와 죄책감이라는 막다른 골목에 부닥칠 수 있다. 장 칼뱅은 동방정교회 전통에 속한 요한 클리마쿠스의 극단적 금욕주의와 천주교 전통의 '미신'^{일반적 금식을 그 자체로 공로를 쌓는 행위로 보았다}을 둘 다 반박했다. 내 생각에 그것은 적절하고 지혜로운 일이었다. 그러나 칼뱅도 영적 건강을 위한 합리적이고 제한된 금식의 가치는 지지했다. 확인할 수는 없었지만, 나는 칼뱅이 하루에 한 끼만 먹고 살았다는 글을 읽은 적이 있다. 그런데 안타깝게도 칼뱅의 일부 추종자들은 칼뱅이 미신적 금식을 비난했다는 데 집중한 나머지, 건강한 금욕에 대한 그의 저작마저 무시했다.

두 세기 후의 존 웨슬리는 책임감 있는 식생활을 지칠 줄 모르고 옹호했고, 영국의 전도자 조지 휫필드도 마찬가지였다. 사실 책임감 있는 식생활에 관한 웨슬리의 책 *Primitive Physick* 원시 의학은 18세기 말에 베스트셀러 의술서의 하나가 되었다.[12] 웨슬리의 설교에 다음과 같은 유익한 조언이 나온다.

> 지금 하나님을 경외하는 사람 중에는 그동안 자신이 얼마나 자주 이런 정당한 것들을 남용하여 하나님께 죄를 지었는지 깊이 자각하고 있는 이들이 많습니다. 그동안 자신이 과식으로 얼마나 많은 죄를 지었는지, 절제와 혹 절주의 문제로 하나님의 거룩한 법을 얼마나 오래 어겼는지, 얼마나 육욕에 빠져 몸의 건강을 해치고 영혼에도 적잖은 피해를 자초했는지 그들은 알고 있는 것입니다. … 그러므로 이런 결과를 제거하기 위해 그들은 원인을 제거합니다. 모든 과욕에 거리를 둡니다. 그동안 자신을 영원한 파멸에 떨어뜨릴 뻔했던 것들을 최대한 절제하며, 종종 완전히 끊기도 합니다. 매사에 힘써 자제하고 삼가는 것입니다.[13]

과식이 몸의 건강을 넘어 '영혼에도 적잖은 피해'를 부른다는 웨슬리의 결론은 과식의 위험에 대한 건강하고 균형 잡힌 전통적 관점을 단적으로 보여 준다. 고금의 기독교 사상가들이 증언했듯이 식탐은 영적으로 부정적 결과를 낳는다.

헨리 드러몬드는 신학문과 과학적 발견이 새롭게 동트던 19세기 말에 후학들을 가르친 사람이다. 그는 자신의 나무랄 데 없는 논리를 영적인 문제에 적용하여 명성을 얻었다.

그러므로 높은 차원에서 하나님의 뜻을 알려면 우선 낮은 차원에서부터 그분의 뜻을 알아야 한다. 그 말은 간단히 이런 뜻이다. 이상적인 삶을 살고 싶다면 이상적인 몸에서부터 시작해야 한다. 절제의 법, 수면의 법, 규칙성의 법, 운동의 법, 청결의 법, 이것이 당신을 향한 하나님의 법 또는 뜻이다. 이것이 당신을 향한 하나님의 첫 번째 법이다. 그분의 뜻은 거기서부터 시작된다.[14]

드러몬드가 젊은 남녀 학생들에게 말했듯이, 내 삶을 향한 하나님의 뜻을 참으로 알려면 지금 내가 체내에 무엇을 넣고 있으며 건강을 지키기 위해 어떻게 힘쓰고 있는지부터 살펴야 한다. 섬김의 도구인 내 몸을 축내면서 하나님께 어느 나라에서 섬겨야 할지를 여쭙는 것은 부질없는 짓이다. 몸을 내팽개쳐 두거나 무절제한 폭식을 일삼으면 몸이 축날 수밖에 없다. 드러몬드의 말은 이렇게 이어진다.

> 식탐하는 사람, 게으른 사람, 불결한 사람, 일반 생활이 단정하지 못하고 경망스러운 사람이 하나님의 뜻을 행했다는 말을 들어 본 적이 있는가? 이런 부분에서 하나님께 불순종하는 사람은 다른 어떤 부분에서도 정말 소신껏 그분께 순종하리라는 보장이 없다. 하나님의 뜻은 교회와 기도실과 영혼의 골방에만 적용되는 것이 아니라 옷장과 식품 저장실과 지하실 등 집의 모든 방에 적용된다. 또한, 혈액과 근육과 두뇌 등 우리의 몸에도 적용된다.[15]

나도 대학 채플에서 강연할 때가 많은데, 그때마다 자주 듣는 절실한 질문이 있다. "제 인생을 향한 하나님의 뜻은 무엇일까요?" 드러몬드라면 대뜸 "건강부터 관리하라"고 답할지도 모른다.

물론 고전은 성경이 아니다. 우리는 고전을 시험하고 토론에 부쳐야 하며, 때로는 걸러내야 한다. 하지만 교회사를 통틀어 이토록 많은 사람이 과식의 영적 위험에 대해 이토록 분명하고 열렬하고 철저하게 증언했다면, 마땅히 귀담아듣는 것이 현명한 일이다.

그래서 나는 나의 식탐과 방종에 맞서 싸운다. 하나님께 더 사랑받고 싶어서가 아니라 이미 나를 더없이 사랑하시는 하나님께서 식탐과 과욕이 적敵이라고 경고하시기 때문이다. 때로 아무리 좋게 느껴져도 식탐은 적이다. 내가 식탐에 맞서 싸우는 이유는 남들이 감탄할 만한 몸을 만들기 위해서가 아니라 '모든 선한 일에 준비'된 영혼을 유지하기 위해서다. 하나님께 쓰임 받아 다른 사람들에게 복을 끼치기 위해서다. 내가 식탐에 맞서 싸우는 이유는 하나님과 친밀하게 동행한 사람들이 들려주는 경고 때문이다. 그들의 말대로 과식은 나를 하나님의 수용과 임재에 무디어지게 하고, 다른 죄들에 더 약해지게 하며, 나의 대인관계에도 악영향을 끼친다. 그뿐 아니라 과식은 하나님께 입양되어 깊은 사랑과 수용을 받는 자녀로서 마땅히 내 몫으로 누려야 할 기쁨을 앗아간다.

한 번 더 생각해 보기

1. 이번 장에 제시된 성경의 증거를 다시 보면서 이 질문을 토의해 보라. 성경에 나와 있는 내용과 나와 있지 않은 내용에 비추어, 당신은 비만이 죄라고 보는가?

2. 옛사람들은 음식 부분에서 방종에 빠지면 다른 유혹들 앞에서도 영적으로 더 약해진다고 보았다. 당신도 그렇게 느낀 적이 있는가? 당신의 삶에서는 그것이 어떻게 나타났는가?

3. 우리는 영혼이 '작은 일에 소홀'하여 '불충에 익숙해'지지 않도록 영혼을 잘 지켜야 한다. 하지만 동시에 지나치게 강박적이거나 경건주의적이나 행위 지향적인 도덕성에 빠져서도 안 된다. 그리스도인들은 어떻게 그 둘 사이에 균형을 유지할 수 있을까?

4. 음식은 당신의 육적인 필요를 채워 주고 있는가, 아니면 영적인 걸림돌이 되고 있는가? 둘 다라면 어떻게 그런가?

5. 늘 손닿는 곳에 먹을 게 쌓여 있다면 물질적으로 풍요로운 삶이다. 이런 풍요가 어떻게 영적으로 깨어 있는 삶에 위협 요소가 될 수 있겠는가?

07. 비만은 **전염성**이 있다

나는 정기적으로 프로 운동선수 선교회의 초빙을 받아 비공개 집회에서 프로 운동선수들과 코치들을 대상으로 강연하고 있다. 한번은 집회에서 미식축구 선수들과 그 가족들의 이슈를 다루게 되었다. 그때 내 체중은 75킬로그램이었는데, 임박한 마라톤을 앞두고 좀 더 감량하려던 차였다. 집회 장소인 한적한 휴양지에 도착하니 한 공격수 라인맨이 내 옆으로 지나갔다. 그의 팔뚝은 정말 내 허벅지보다 더 굵었다.

아내가 나에게 당부했다. "게리, 당신이 살을 빼려고 하고 있다는 말은 하지 마세요. 이 사람들한테서 당신을 존중하는 마음이 싹 달아날 것 같아요." 일리가 있는 말이었다. 그 사람들이 달리면 정말 지축이 흔들렸다. 그들이 마라톤에 출전한다면 보스턴 시는 몇 주 동안 도로를 보수해야 할 것이다. 프로 미식축구 선수들을 경기장에서 그들끼리만 모여 있을 때 보면, 그들이 얼마나 체구가 크고 힘이 센지 잘 알 수 없다.

석 달 후에 나는 미네소타 주 덜루스에서 열리는 그랜드마 마라톤에 참가했다. 오랜 역사를 자랑하는 이 대규모 마라톤 대회는 코스가 험하지 않아 기록이 잘 나오는 편이며, 순위 안에 들면 상금도 수여된다. 그러다 보니 케냐의 일류급 주자들도 출전한다.

마침 내가 묵던 호텔에 일부 케냐 선수들도 함께 묵었다. 한번은 그중 하나와 엘리베이터를 같이 탔는데, 그 사람은 키는 나와 비슷한데 몸무게는 나보다 10~15킬로그램쯤 덜 나가 보였다. 그는 단련된 운동선수 특유의 날렵한 동작으로 엘리베이터를 빠져나갔다. 내 모습을 보니 이런 혼잣말이 절로 나왔다. "이제부터 햄버거는 사양하고 샐러드를 더 먹어야겠군."

첫 번째 상황에서는 내가 터무니없이 작고 말라 보였는데, 두 번째 상황에서는 약간 무겁고 굼뜨고 훈련이 안 된 것처럼 느껴졌다. 내 몸무게는 양쪽 모두 같았는데 말이다. 같은 몸이었지만 풍기는 인상은 전혀 달랐다. 어떤 상황에 부닥치느냐에 따라 자신이 달라 보였던 것이다.

실제로 그런 현상을 주제로 시행된 한 연구가 <New England Journal of Medicine>뉴잉글랜드 의학 잡지에 실렸다. 연구 결과 비만은 '사회적 전염성'이 있는 것으로 드러났다. 당신의 체중이 줄거나 느는 과정에 주변 환경이 큰 영향을 미친다. 친한 친구들이나 배우자나 형제자매가 점차 살이 찌면 당신도 따라갈 가능성이 크다. 반대의 경우도 마찬가지여서 주변 사람들이 살을 빼면 당신도 자극을 받아 살을 뺄 가능성이 훨씬 크다.[1]

그리스도인에게도 똑같은 일이 벌어지고 있는 것 같다. 주변 사람이 모두 나보다 조금씩 무거워지고 조금씩 운동을 덜 하니까, 내 실제의 몸 상태와 관계없이 나도 괜찮은 것처럼 생각되는 것이다. 그러니 변화를 시도할 의욕도 없다.

현대 교회는 '방종의 죄'를 성적 부도덕에 빠지거나 술이나 마약에 취하는 일로 규정하는 경향이 있다. 그래서 우리는 그런 죄를 삼가는 데는 굉장히 민감하다. 하지만 몸으로 하나님을 영화롭게 하지 못하는 부분에 대해서는 문제의식이 없는 경우가 많다. 그 이유는 다분히 교회의 다른 모든 사람도 나와 똑같아 보이기 때문이다. 열량 교회$^{calorie\ church}$에 다니는 사람들이 우리 중에 너무 많다!

성경이 우리에게 거룩함을 추구하되 혼자 노력할 게 아니라 공동체^{교회} 안에서 하라고 한결같이 말하는 이유도 아마 그래서일 것이다. "그의 안에서 건물마다 서로 연결하여 주 안에서 성전이 되어 가고 너희도 성령 안에서 하나님이 거하실 처소가 되기 위하여 그리스도 예수 안에서 함께 지어져 가느니라"$^{엡\ 2:21\sim22}$.

예쁘게 꾸며도 족쇄는 족쇄다

그리스도인 의사인 스캇 밴루 박사는 증상 치료를 그만두고 환자의 삶 속에 있는 근본 문제를 해결해야 한다는 확신을 품게 되었다. 10년 가까이 하루에 30~40명의 환자를 보며 인습적 의술을 시행하던 그는 결국 다음과 같은 결론에 도달했다.

"내가 지금 하는 일은 환자를 돕고 있는 게 아니다. 그냥 약만 주고 있는 것이다."

그는 기존의 병원을 닫고 전인적 건강에 주력하는 클리닉을 새로 열었다.

"나는 생리학을 좋아합니다. 의학적으로 사람들을 돕되 기본으로 돌아가도록 도와야 한다는 생각이 들었습니다. 이를테면 고혈압도 그냥 약으로 다스리는데 그치지 않고, 고혈압의 **원인**이 되는 복부 지방을 치료하는 것입니다. 그렇게 했을 때 어떤 때는 몇 주 만에 약이 필요 없어지는 경우도 있습니다."

특히 그를 안타깝게 하는 일이 있다. 사람들이 자신의 건강이 나빠지는 상태를 점차 편안하게 여긴다는 사실이다. 뭔가 조처를 취할 수 있는데도 말이다. 물론 팔을 하나 잃었다면 팔 없이 사는 법을 배워야 한다. 하지만 스캇은 비만의 결과로 고생하는 사람들을 너무 많이 보고 있다. 그들은 자신의 상태를 점차 무감각하게 받아들이고 최악의 증상^{고혈압 등}을 약으로 다스릴 뿐, 원인 치료를 위해서는 사실상 아무것도 하지 않는다.

최근에 내 주치의가 나에게 어떤 환자의 이야기를 해 주었다. 그 환자는 다른 병도 있었지만, 상당히 비만인데다 계속 더 살이 찌고 있었다. 모든 건강 수치가 꾸준히 악화하고 있었다. 그래서 내 주치의는 그에게 이렇게 말했다. "정말 심각하게 생각하고 살을 빼셔야 합니다. 담배도 끊고 술도 줄여야 합니다."

그 사람의 대답은 이랬다. "하지만 의사선생님, 나는 밤마다 담배를 피우고 아이스크림을 먹어야 합니다. 게다가 잠자기 전에 술을 마시지 않고서야 그게 밤입니까?"

의사가 되받았다. "그렇다면 죽을 준비를 하셔야 합니다. 그런 것들이 생명보다 더 중요합니까? 한 번 자신에게 물어보십시오. 지금 당신은 그것들과 목숨을 맞바꾸고 있습니다."

체중이란 본래 **한꺼번에** 20킬로그램씩 느는 게 아니다. 그래서 우리는 기동력이 떨어지고, 차츰 숨이 가빠지고, 거동이 불편해져도 점차 거기에 익숙해진다. 그냥 받아들이는 것이다. 주변 상황이 점차 우리를 조건화하여 비만을 받아들이게 하듯이, 건강의 점진적 쇠퇴도 우리를 조건화하여 그것을 받아들이게 한다.

스캇은 그것을 이렇게 표현했다.

우리는 족쇄란 존재하지 않는다는 착각, 감옥도 그리 나쁜 곳은 아니라는 착각에 빠진다. … 일단 그렇게 현혹되면 이제 족쇄를 예쁘게 꾸미며 적당히 얼버무린다. … 족쇄를 받아들이고 질병의 감방에 갇힌 채 체념한다. 희망을 잃는다. … 그냥 감방에서 마음 편하게 살아가려 한다.[2]

다시 말해서 우리는 약으로 증상을 덮고 옷으로 체중을 가릴 뿐, 점진적 쇠퇴를 막기 위해서는 아무것도 하지 않는다. 그러면서 대개 자기와 비슷한 사람들과 어울려 지낸다. 주변 사람들이 우리의 건강해지려는 노력을 비웃기까지 한다면 상황은 더욱 위험해진다. 지금부터 그 부분을 살펴보고자 한다.

살이 찌는 영적 이유

체중 감량 및 다이어트 시장을 장악하고자 업계에서 쏟아 붓는 돈이 해마다 수십억 달러에 달한다. 하지만 대부분의 해법은 이 싸움의 배후에 있는 영적 이슈를 간과하고 있다.

결론부터 말하자면, 살을 빼는 문제는 인간의 죄성과 직결된다. 본능적으로 안락과 편의를 지향하고 희생과 자아부인을 일체 거부하는 것이 우리의 죄성이다. 설상가상으로, 1킬로그램을 빼기는 정말 어려울 수 있지만, 막상 뺐다 해도 전혀 차이가 느껴지지 않는다. 희생과 보상의 비율이 맞지 않는다. 이 부분에서 당신과 가치관이 다른 사람이 곁에 있다면 특히 더하다.

당신이 꼬박 일주일 동안 빵과 디저트를 먹지 않는다고 하자. 당신은 열량 섭취량을 살피고, 러닝머신에서 운동하고, 적어도 대엿새 동안 30분씩 걷는다. 7일 후에 몸무게를 재 보니 1킬로그램이 빠졌다. 그렇다고 바지가 더 잘 맞을까? 아마 아닐 것이다. 기력이 더 좋아졌을까? 역시 아닐 것이다. 하지만 싸움은 치열했다. 운동에 들어간 모든 시간과 애써 외면한 모든 음식을 생각해 보라. 그런데 고작 1킬로그램밖에 빠지지 않다니?

당신의 노력을 비웃는 친구가 있다고 하자. 일주일 내내 그녀는 당신이 운동하는 동안 자기가 좋아하는 음식에서 위안을 얻었고, 당신이 물이나 홀짝이고 있을 때 탄산음료를 마셨으며, 메뉴에서 아무 음식이나 골라 먹었다. 일주일이 지나자 그녀는 몸무게가 1킬로그램이 늘었다. 그래서 바지가 더 꽉 낄까? 아니다. 몸이 훨씬 무겁게 느껴질까? 아닐 것이다. 하지만 그녀의 일주일은 훨씬 즐거웠다!

이것은 육적 건강을 위한 영적 싸움이다. 지금의 미미한 유익에 비하면 처음의 희생은 아주 커 보인다. 반면 운동하지 않고 실컷 먹는 지금의 낙에 비하면 부정적 결과는 비교적 작아 보인다. 단기적으로 본다면 누구나 포기할 것이다. 좀 더 밀고 나가려면 영적 힘과 동기가 필요하다. 당신이 10주 동안 희생을 지속하여 5킬로그램을 빼고 친구는 10주 동안 과욕과 안일을 지속하여 5킬로그램이 찐다면, 이제 둘의 차이는 10킬로그램이 된다. 이제 **확실히** 당신의 옷은 더 잘 맞고 그녀의 옷은 더 꽉 낄 것이다. 또한, 전반적 건강과 기력이 달라졌음도 둘 다 **확실히** 느낄 것이다.

만일 당신이 비만인데 한 시간만에 기적적으로 20킬로그램을 뺄 수 있다면, 그 차이는 대번 느껴질 것이다. 그래서 그 상태를 유지하기 위해서라면 무엇이든 하려는 강력한 동기가 생길 것이다. 하지만 문제는 체중이 그런 식으로 늘거나 줄지 않는다는 사실이다. 살이 1~2킬로그램 정도 빠져도 일상생활에서 별로 차이가 느껴지지 않고, 3킬로그램이 쪄도 역시 별로 눈에 띄지 않는다. 이런 현상 때문에 결국 체중은 서서히 늘기는 쉬워도 꾸준히 줄기는 어렵다. 부정적 영향도 유난히 나쁠 게 없고 긍정적 영향도 유난히 좋을 게 없으니 딱히 마음이 동하지 않는다. 현격한 차이는 장기적으로 가야만 나타나기 때문이다.

그래서 우리에게 영적 힘과 성경적 동기가 필요하다는 것이다. 그게 있어야 유혹을 견디고 끝까지 갈 수 있다. 단순히 외모 가꾸기에서 그친다면 승산은 불가능에 가깝다.^{유난히 허영심이 강하지 않다면 말이다} 같은 목표를 추구하는 사람들이 주변에서 격려해 주는 것도 그래서 도움이 된다.

감화를 끼치는 사람들

참된 친구란 나를 무조건 **받아만** 주는 사람이 아니다. 때로는 나에게 감화를 끼치는 친구가 좋은 친구다. 프린스턴 대학교 교수이자 성직자였던 헨리 밴 다이크는 참된 친구와 함께 있으면 누구나 최선의 인간이 되고 싶어진다고 했다.

당신이 어울리는 사람들은 그런 감화를 끼치고 있는가? 그들과 함께 있으면 최선의 인간이 되고 싶어지는가? 아니면 당신의 친구들과 조언자들은 이 시대의 가장 흔한 영적 적들에 굴복하며 포기하고 있는가? 당신의 의사는 증상만 다스리는가, 아니면 당신의 해로운 선택들을 바로잡아 주는가? 당신의 목사는 이따금 당신의 불순종을 지적해 줄 만큼 강한 사람인가?

흔히 우리는 무조건 친구의 자존심을 세워 주는 것이 최고의 사랑이고, 친구의 자존심을 건드리는 것은 최악의 일이라고 생각한다. 하지만 진실을 무시한다면 그것은 친구의 해로운 상태가 지속되도록 방치 또는 조장하는 일이다. 내가 진실을 무시해서 친구의 수명이 10년이나 그 이상 단축될 수 있다면 어떻게 하겠는가? 그것이 성경이 말하는 **사랑**인가?

교회가 무절제한 과식보다 거식증을 더 경계하는 것은 흥미로운 일이다. 과식을 일삼는 사람은 수백만에 달하지만 거식증에 걸리는 사람은 다 합해도 훨씬 적은데 말이다. 물론 거기에도 일리가 없는 것은 아니다. 본격적인 거식증은 대개 생사가 달린 문제이지만, 비만이 목숨을 앗아가는 속도는 그보다 훨씬 느리다. 그런데 누군가가 몸을 관리하기로 작정하면 주변 사람들은 농담 삼아 "거식증에 걸리면 안 된다"고 걱정해 준다. 왜 우리는 "식탐에 빠지면 안 된다"고는 말하지 않는 것일까?

우리의 우선순위는 정말 기가 막힐 정도다. 한번은 내가 마라톤을 완주한 뒤에 사람들과 저녁을 먹는 자리에서 다리를 절름거렸다. 그러자 한 부인이 내 아내를 한쪽으로 데려가 이렇게 걱정해 주었다. "게리 나이의 남자에게 그런 장거리 달리기는 건강에 좋지 않은 것 같네요. 건강에 좋을 리가 **없지요**."

리자는 말하고 싶은 걸 꾹 참아야 했다. 그 여자의 남편은 적어도 35킬로그램은 과체중인데다 운동이라곤 전혀 하지 않고 늘 앉아서 살기 때문이다. 리자는 그 부인이 **자기 남편에게** 한 번이라도 이렇게 말한 적이 있는지 궁금했다. "여보, 그렇게 너무 많이 먹고 운동은 하나도 하지 않으면 건강에 나쁘지 않을까요?"

사실은 거식증이나 운동 때문에 죽는 사람보다 과식과 비만 때문에 죽는 사람이 훨씬 많다. 물론 해마다 마라톤을 달리다 죽는 사람들이 소수 있다.*그 중 30세 이전의 사람들은 대개 미처 몰랐던 심장 결함이 있는 경우이고, 30세 이후의 사람들은 장거리 달리기에 필요한 강훈련이 부족한 경우가 많다. 42.195킬로미터는 결코 만만한 거리가 아니다. 나는 지금 마라톤이 건강에 좋다든지 권장할 만하다고 말하는 게 아니다. 5킬로미터 달리기를 위한 훈련이라면 당연히 건강에 좋은 활동이지만, 마라톤은 정말 무리일 수 있다. 나는 그리스도인들이 이제부터 마라톤 완주를 훌륭한 인생 목표로 보아야 한다고 주장하는 게 결코 아니다. 내가 보기에 그것은 영적 훈련이 아니라 강박에 더 가깝다.

지나친 운동은 당연히 조심해야 한다. 그런 정당한 우려까지 일축해서는 안 된다. 하지만 과식과 게으름을 무시하면 건강과 사생활에는 물론 우리가 전하는 복음에도 그 여파가 미친다. 그 점만은 우리도 인정할 수 있지 않은가? 한순간 상대의 기분을 건드리지 않으려고 그냥 이 문제를 무시한다면, 그것은 최선의 방안이 아니다. 결코, 최선의 방안일 수 **없다**.

현재 그리스도인들이 영향을 미치고 있는 수준을 솔직히 생각해 보자. 사회학자 케네스 페라로에 따르면, 미국인들의 종교 생활과 비만은 서로 정비례하며 그 중에서도 특히 **그리스도인들의 체중이 가장 높다**.[3] 안수 받은 내 친구 하나가 언젠가 이런 농담을 했다. 일부 기독교 집회를 결산해 보면, "50명의 영혼이 구원받고 500명의 육체가 과식한" 시간이 된다는 것이다.

흔히 우리는 비판적인 인상을 주지 않으려고 과식의 문제에 대해 침묵한다. 잘난 척하거나 간섭하는 것처럼 보이지 않으려고 게으름을 보고도 외면한다. 하지만 이는 동료 교인들을 아무런 감화도 받지 못하고 살아가도록 내버려두는 일이다. 그들이 거룩하고 주인의 쓰심에 합당하며 모든 선한 일에 준비함이 되려면 반드시 주변의 감화가 필요하다. 지금부터 우리가 주변 사람들에게 새로운 영향을 미치도록 하자. 우리가 몸을 어떻게 대하고 있는지 보여 주자. 몸을 바로 대하는 것은 그리스도인의 청지기직의 일부이고, 전도의 통로이며, 하나님이 예비하신 선한 일에 자신을 준비하는 길이다.

한 번 더 생각해 보기

1. 당신은 '사회적 전염성'의 영향을 경험한 적이 있는가? 주변에서 당신에게 살을 빼라고 권한다든지, 또는 살이 쪄도 괜찮다고 얘기하는가? 현재 당신의 주변 사람들은 어떤 부류인가?

2. 당신은 자신의 근본 문제를 해결하기보다 '족쇄를 예쁘게 꾸민' 적이 있는가? 자신의 건강에 악영향을 미치는 해로운 습관이 있는데도 그냥 받아들이며 살아가고 있는가? 어떻게 하면 더 잘 대책을 취할 수 있겠는가?

3. 당신의 주변 사람들은 주로 당신을 받아만 주는가, 아니면 감화를 끼치는가? 당신이 새로운 사람들과 어울릴 필요가 있다고 보는가? 어떻게 하면 그리스도인들은 서로 받아 주면서도 감화를 끼치는 법을 배울 수 있겠는가?

4. 그리스도인들은 건강을 강화하는 신앙 공동체를 세울 수 있다. 그런 방법을 몇 가지 토의해 보라. 교회는 어떤 모습이 되겠는가? 소그룹의 시간 사용은 어떻게 달라질 수 있겠는가? 어떤 종류의 활동들이 벌어지겠는가?

08. **게으름**, 영성의 숨통을 죄다

게으름은 우리의 시간을 죽이는 중대한 영적 암살자다. 게으름은 우리의 몸을 죽이고, 은행 계좌를 죽이고, 부부 관계를 죽이고, 자녀와의 관계를 죽이고, 사업을 죽이고, 정부를 죽인다. 게으름은 무엇이든 손에 닿는 것마다 다 죽인다. 게으름은 대개 시간을 두고 천천히 활동하면서 지독한 맹공을 가한다. 결과는 종종 죽음으로 끝난다. 게으름은 죄 이상이다. 게으름은 하나님과 이웃에 대한 의무감을 말살하는 태도이자 인생을 낭비하는 태도다.

중세기의 은둔자인 노르위치의 줄리안은 '나태와 시간 낭비'가 '죄의 근원'이라 했다.[1] 프란체스코회 초창기의 질스^{또는 에지디오} 수사는 "게으른 사람은 자신이나 타인에게 아무런 유익을 끼치지 못한 채 현세와 내세를 모두 잃는다"[2]고 조언했다.

게으름은 일신상의 안락을 다른 무엇보다도 앞세우는 태도다. 마음에 내키지 않는 일을 왜 하는가? 불편한 일로 왜 고민하는가? 재미도 없는 일이 무슨 소용인가? 게으름은 의무감을 일체 무시하며, 죄를 오로지 해서는 안 될 일로만 정의한다 ^{하라고} 명하신 일은 다 편리하게 잊어버린다. 게으름의 종말은 인생의 허비이지만, 그 방식이 눈에 띄게 흉하지는 않다. 그래서 우리는 게으름이 얼마나 파괴적인지 잘 모른다.

몸을 팽개쳐 두면 자신의 일부가 죽는다. 운동과 책임감 있는 식생활은 삶의 지혜다. 그것을 외면할 수야 있지만, 그러면 위험을 자초하여 결과적으로 선을 행할 많은 기회를 잃게 된다. 몸이 망가진 그리스도인은 다분히 삶을 누리려는 의지와 의욕과 능력을 잃는다. 몸을 놀리기가 너무 어려워지기 때문이다. 그런 사람은 더 자고 더 먹으려 한다. 삶에 진정 몰두하기보다 더 뒹굴뒹굴 게으름을 피우려 한다.

자녀 양육에 게으르면 자녀와의 관계가 부실해진다. 부부 관계에 게으르면 배우자와 점점 더 멀어진다. 사업에 게으르면 재정이 점차 고갈되어, 결국 우리는 넉넉한 기부자가 아니라 자선사업의 수혜자가 된다. 신앙에 게으르면 하나님을 떠나기까지 한다. 태만과 게으름은 삶의 가장 귀한 것들을 죽인다.

이 책 전체의 구심점은 "거룩하고 주인의 쓰심에 합당하며 모든 선한 일에 준비함이 되"는 데 있다. 게으름은 이 추구를 막는 최대의 적들 중 하나다. 어쩌면 **최대의 적**일 수도 있다. 나태한 사람은 일이라는 단어 앞에 결코 **선하다**는 수식어를 붙이지 않는다. 14세기의 은둔자인 리처드 롤은 역설하기를, 죽음에서 살아나려면 최소한 "게으름에서 벗어나 하나님을 섬겨야 한다"³고 했다. 온전히 살아 있는 그리스도인은 철저히 하나님의 섭리와 보호 아래 있는 것만큼이나 철저히 활동적이다. 극히 현실적이고 심각한 의미에서, 게으름은 우리 안에 있는 하나님의 형상을 무너뜨린다. 요하네스 타울러*14세기 도미니크 수도회의 수사이자 마이스터 에크하르트의 제자였다. 영향력 있는 독일 신비가들의 주요 대변자인 그는 거의 한평생을 설교자들의 수도회(도미니크 수도회의 다른 이름—역주)에서 보냈다. 그의 저작은 마르틴 루터에게 지대한 영향을 미쳤다.가 그것을 정확히 짚어냈다.

> 거룩한 부성을 지니신 하늘 아버지는 순전히 활동 자체이시다. 그분 안의 모든 것이 활동이다. 그분은 자기 이해라는 활동을 통해 사랑하는 아들을 낳으시고, 두 분은 다시 형언할 수 없는 포옹 중에 숨을 내쉬어 성령이 나오게 하신다. … 하나님이 피조물을 자신을 닮게 지으셨으므로 모든 피조물 안에는 활동이 내재되어 있다. … 그렇다면 하물며 하나님의 형상대로 지어진 고귀한 피조물인 인간이 그분의 활동을 닮아야 한다는 것이 이상한 일인가?⁴

자신에게 물어보라. 하나님의 활동과 후히 베푸심의 반대는 무엇인가? 아무것도 하지 않고 아무것도 주지 않는 것이 아닌가? 다시 말해서 게으름과 태만이다! 성경은 게으름을 가차 없이 정죄하며, 삶의 여러

부분에 나타나는 게으름의 결과를 무섭게 경고한다.

게으른 자여, 개미에게 가서
그가 하는 것을 보고 지혜를 얻으라…
좀더 자자, 좀더 졸자,
손을 모으고 좀더 누워 있자 하면
네 빈궁이 강도 같이 오며
네 곤핍이 군사 같이 이르리라 잠 6:6,10~11.

게으른 자의 욕망이 자기를 죽이나니
이는 자기의 손으로 일하기를 싫어함이니라 잠 21:25.

우리가 간절히 원하는 것은 너희 각 사람이 동일한 부지런함을 나타내어 끝까지 소망의 풍성함에 이르러 게으르지 아니하고 믿음과 오래 참음으로 말미암아 약속들을 기업으로 받는 자들을 본받는 자 되게 하려는 것이니라 히 6:11~12.

옛사람들은 과식에 맞서 싸울 때와 똑같이 게으름과도 치열하게 맞서 싸웠다. 16세기 테아틴 수도회의 신부였던 로렌조 스쿠폴리의 책 「심전 – 영적 전투」정립사는 뛰어난 통찰력을 인정받아 동방정교회와 천

주교에 모두 수용되었다. 그는 "나태의 비참한 굴레는 모든 영적 진보를 방해할 뿐 아니라 우리를 원수의 손안에 넘겨준다"[5]라고 썼다.

알겠는가? 스쿠폴리는 게으름이 '비참한 굴레'이며 '**모든** 영적 진보를 방해' 한다고 역설했다. 이 결점을 해결하지 않으면 **우리가 하는 다른 모든 일까지 위협을 받는다**. 게으름은 그렇게 심각한 문제다.

영적 게으름

그리스도인으로 산다는 것은 누구에게나 더할 나위 없는 최고의 기쁨이다. 하지만 그것은 힘든 일이기도 하다. 바울의 고백을 들어 보라.

> 오직 한 일 즉 뒤에 있는 것은 잊어버리고 앞에 있는 것을 잡으려고 푯대를 향하여 그리스도 예수 안에서 하나님이 위에서 부르신 부름의 상을 위하여 달려가노라.
> 그러므로 누구든지 우리 온전히 이룬(성숙한, NIV) 자들은 이렇게 생각할지니 빌 3:13-15.

"우리 성숙한 자들은 이렇게 생각할지니"라는 말을 잘 생각해 보라. 바울은 지금 자신의 경건을 과시하거나 자신을 올해의 그리스도인 상후보로 천거하는 게 아니다. 오히려 **그리스도인이라면 누구나** 마땅히 열망해야 할 하나의 기준을 제시하고 있다. 성령께서 감화하신 이 말씀을 따르면, 성숙한 그리스도인은 앞에 있는 것을 향하여 달려가야 한다. 주석가 자크 뮐러는 이렇게 썼다. "여기에 쓰인 동사는 매우 기술적記述的인 단어로, 달리기 주자의 자세를 연상시킨다. 달리기 주자는 몸을 앞으로 굽히고, 손을 앞으로 뻗고, 시선을 결승점에 고정한 채, 목적을 이루기 위하여 전력 질주한다."[6]

위대한 청교도인 조나단 에드워즈도 이에 대해 아주 기탄없이 말했다. "신앙에 치열하지 않고 의지와 의욕을 힘써 구사하지 않는다면, 우리는 아무것도 아니다. 신앙생활은 너무 큰 것들로 이루어져 있어 우리의 미지근함을 허용하지 않는다."[7] 한 걸음 더 나아가 그는 이렇게 덧붙였다. "싸워야 할 싸움이 있고 이겨야 할 경주가 있다면, 마땅히 가장 치열하게 임해야 한다. 그것이 없이는 생명으로 이끄는 좁은 길을 갈 방도가 없다. 그러므로 나태는 노골적인 반항 못지않게 저주를 부른다."[8]

내가 이런 말을 하는 이유가 있다. 몸을 건강하게 돌보는 일, 식습관을 고치는 일, 시간을 내서 운동하는 일, 마음이 내키지 않더라도 몸을 단련하는 일을 많은 사람이 너무 힘든 수고로 여기기 때문이다. 그것은 마치 행위를 통해 의를 이룬다는 말처럼 들리며, 심하면 율법주의로 흐를 수도 있다. 더욱이 게으름과 과식은 치명적인 죄처럼 보이지 않기 때문에, 우리는 그 둘이 느리지만 꾸준하게 자신의 건강을 앗아 가도록 그냥 둔다.

그렇게 자꾸 양보하다 보면 결국 우리의 영적 생활도 서서히 무너진다. 게으름도 교만처럼 임의로 껐다 켰다 할 수 있는 게 아니다. 게으름은 '나'라는 존재의 일부가 된다. 삶의 한 부분에서 게으름을 내버려두면 다른 부분들에서도 게으름에 굴하게 된다. 죄는 본질적으로 자기 복제 능력이 있다. 이기적인 사람은 모든 면에서 이기적이다. 운전하는 방식, 돈 쓰는 방식, 말하는 방식, 심지어 섬기는 방식에까지 이기적인 특성이 나타난다. 마찬가지로 육적 건강에 게을러지면 영적 건강에도 게을러지기 쉽다. 거꾸로도 마찬가지다. 몸의 건강에 훈련된 사람은 영의 건강에도 더 훈련되기 쉽다. 우리도 행위를 바울처럼 중시할 수 없을까? 나는 바울이 디모데후서 2장 6~7절에 한 말을 참 좋아한다. 그는 젊은 제자에게 '수고하는 농부'가 곡식을 먼저 받는다는 사실을 '생각해 보라'고 권한다. 이것은 정말 훌륭한 은유이지만, 서글프게도 나는 여기에 대해 설교하는 목사를 본 적이 없다. 농부의 수고는 운동선수나 군인이나 정치인의 수고와는 달리 다분히 막후에서 이루어지며, 영광이나 박수나 환호가 없다. 고대의 농사는 주로 일관된 수고와 인내심에 의존하는 고된 일이었다. 수확이 기계화되기 전에는 특히 더했다. 바울은 바로 그 은유를 빌려, 하나님을 추구하고 하나님께 쓰임 받는 그리스도인의 수고도 그처럼 고되고 때로 알아주는 사람이 없다고 말한 것이다. 존 스토트는 이렇게 경고했다. "그리스도인의 봉사는 고된 수고다. 그런데 오늘날 일부 낙천적인 기독교 진영에서는 그 개념이 전혀 인기가 없다. 그럴수록 나는 그것을 강조할 필요성을 느낀다. … 바울은 그리스도인의 봉사에 전력투구가 필요하다고 믿었다. 이 점을 깨달으면 우리에게도 유익이 될 것이다."[9] 스토트가 지적한 대로 바울은 정말 "내가 모든 사도보다 더 많이 수고"한 사실을 자랑했다. 구원이란 은혜와 믿음으로 받는 것임을 **누구보다도** 앞장서서 옹호한 그가 고린도전서 15장 10절, 고린도후서 6장 5절, 빌립보서 2장 16절 등에 자신의 고된 수고를 명백히 밝혔다. 물론 바울은 자신의 노고를 늘 하나님의 능력 및 공급과 연결한다. 하지만 하나님이 공급하시니 자신은 손발을 놓고 있어도 된다는 식은 결코 아니며, 게으른 삶을 부추긴 것은 더더욱 아니다.

몸의 건강도 농사와 같다. 건강을 낳는 수고는 다분히 눈에 띄지 않는다. 아무도 우리의 노력에 손뼉 쳐 주지 않고, 아예 알아주지도 않는다. 하지만 거기서 맺어지는 삶이 하나님께 쓰임 받아, 우리는 많은 사람을 축복하고 섬길 수 있다. 씨를 뿌리는 일은 고역이지만 수확은 엄청날 수 있다.

디모데후서에서 몇 구절 뒤로 가면 바울이 디모데에게 이렇게 말한다. "너는 … 부끄러울 것이 없는 일꾼으로 인정된 자로 자신을 하나님 앞에 드리기를 힘쓰라"디후 2:15.

영적 게으름과 무관심이 이토록 우리를 피폐하게 하는 데는 이유가 있다. 하나님을 추구할 때 우리의 삶이 훨씬 더 아름다워지기 때문이다. 하나님을 구하며 그분 안에서 자라가고 있으면 내 결혼 생활과 자녀 양육, 먹고 마시는 행위, 웃음과 놀이와 일이 모두 거룩한 기운을 띤다. 하나님을 기뻐하는 그 기쁨이 내가 하는 모든 일 속에 배어든다. 무엇이든 그 기쁨을 막는 것에는 구미가 당기지 않는다.

하지만 내 마음이 영적으로 게을러져 하나님을 추구하거나 기뻐하지 않으면, 가장 즐거운 일들조차도 스트레스와 좌절을 안겨 준다. 삶의 경이감이 사라진다. 하나님과 멀어지면 모든 것이 우울한 잿빛으로 변한다. 무릇 있는 자는 더 받지만 없는 자는 있는 것까지 잃는다 하신 예수님의 말씀마 13:12은 영적 기쁨에 특히 잘 들어맞는다. 로렌조 스쿠폴리는 이렇게 경고한다. "하나님은 나태한 사람으로부터는 그동안 베푸신 은혜를 조금씩 거두시지만, 부지런한 사람들에게는 더 풍성한 은혜를 주셔서 마침내 그분의 기쁨에 들어가게 하신다."10

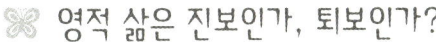

영적 삶은 진보인가, 퇴보인가?

고대의 기독교 고전 작가들은 영적 삶을 진보 아니면 퇴보, 둘 중 하나로 보았다. 그들에게 정체 상태란 없었다. 우리는 자라고 있거나 죽고 있거나 둘 중 하나다. 그래서 그들은 게으름을 두려워하고 미워하고 멀리했다. 스쿠폴리의 말을 다시 들어 보라.

은밀한 독을 품은 나태라는 악은 처음에 연한 뿌리부터 서서히 죽여 아예 덕의 습성들이 자라지 못하게 할 뿐 아니라, 이미 형성된 덕의 습성들까지 죽여 버린다. 나무를 갉아 먹는 벌레처럼 나태도 영적 삶의 골수 자체를 야금야금 갉아먹어 파멸에 떨어뜨린다.[11]

헨리 드러몬드도 영적 게으름의 문제로 씨름했다. 그는 의도적이고 의지적인 노력이 영적 성장에 필수라고 믿었다.

어떻게 하면 훌륭한 크리켓 선수가 되는가? 연습이다. 어떻게 하면 훌륭한 화가, 훌륭한 조각가, 훌륭한 음악가가 되는가? 연습이다. 어떻게 하면 훌륭한 어학자, 훌륭한 속기사가 되는가? 연습이다. 어떻게 하면 훌륭한 인간이 되는가? 연습이다. 다른 것은 없다. 신앙은 저절로 되지 않는다. 영혼을 얻는 방식과 법칙은 육체나 사고를 얻는 방식과 다르지 않다. 팔 운동을 하지 않으면 이두박근이 생기지 않듯이 영혼도 운동하지 않으면 근육이 붙지 않는다. 아울러 강직한 성품, 의연한 도덕성, 아름다운 영적 성장도 기대할 수 없다. 사랑은 뜨거운 감정이 아니다. 사랑은 그리스도인의 전인적 성품이 풍부하고 강하고 용감하고 힘차게 표출되는 모습이다. 그리스도를 닮은 성품이 최고의 장성한 분량에 이른 상태다.[12]

지당한 말이 아닌가? 아무런 손도 쓰지 않으면 무엇이든 붕괴한다는 원리를 우리도 삶의 모든 부분을 통해 알고 있지 않은가? 사업체는 관리해야 하고, 정원의 잡초는 뽑아 주어야 하고, 몸은 씻어야 하고, 아이는 양육해야 하지 않는가? 그런데 왜 영혼의 건강에 대해서만은 다르게 생각해야 한단 말인가? 하지만 이렇게 영적 게으름을 질타한다고 해서 신체적 삶은 무시해도 좋고 영적 관심사만 챙겨야 한다는 뜻은 아니다. 오히려 드러몬드는 신체적 삶을 영적 성장의 주된 훈련장으로 활용하라고 권고한다.

그러므로 자신의 운명에 대해 불평하지 마라. 끊임없는 고민거리, 구차한 형편, 참아야 하는 괴로움, 더불어 살며 함께 일해야 하는 비열하고 치사한 인간들에 대해 투덜대지 마라. 무엇보다 유혹 때문에 원망하지 마라. 유혹은 아무리 노력하고 고민하고 기도해도 사라지지 않으며, 오히려 점점 어둡게 당신을 에워싸는 것만 같다. 그래도 당황하지 마라. 바로 이것이 하나님이 당신에게 정해 주신 연습이다. 이런 연습을 통해 당신에게 인내심, 겸손, 너그러움, 이타심, 친절, 예의가 길러진다. 아직도 너무 엉성한 당신 안의 형상, 그 형상을 빚고 있는 손을 거부하지 마라.

비록 눈에 보이지 않아도 그 형상은 더 아름다워지고 있고, 유혹에 부딪칠 때마다 온전함에 한 걸음 더 가까워질 수 있다.[13]

내 경우에도 크고 작은 골칫거리 때문에 원망하지 않고 영적으로 부지런한 상태에 있을 때는, 오히려 그런 골칫거리를 의식적으로 활용하여 경건함을 '연습할' 수 있다. 그리스도를 닮은 마음을 기를 수 있다. 예컨대 조심성이 지나친 운전자가 우리의 앞길을 막고, 기껏 바닥을 청소해 놓았더니 누가 실수로 다시 더럽히고, 직장 동료가 사고를 치거나 병가를 낸다. 드러몬드는 바로 이럴 때 그리스도인들이 거기서 배우고, 그 상황을 받아들여야 한다고 권고한다. 하나님은 우리가 인내심, 겸손, 영적 성숙을 연습하도록 도우신다. 자아에 대해 죽는 법을 배우기란 결코 쉬운 일이 아니다.

내 친구 캔디스 와터즈가 내게 이런 말을 했다. 아무리 새벽에 은혜로운 경건의 시간을 통해 '깊은 영적 묵상'을 해도, 잠시 후에 아이들이 일어나 이것저것 요구하고 서로 싸우면 '영적 은혜가 싹 달아나 버린다'는 것이다. 그런데 위에 인용한 드러몬드의 말을 통해 그녀는 **경건의 시간뿐 아니라 가족들과 함께하는 시간도** 하나님이 자신의 영혼을 빚으시기 위해 택하신 방법임을 깨달았다.

드러몬드는 이렇게 조언한다. "잠자는 중에 저절로 거룩해지는 사람은 없다. 요구되는 조건을 충족시키려면 일정량의 시간과 기도와 묵상이 필요하다. 육체나 정신도 더 발전하려면 준비와 관리가 필요하듯이 말이다."[14]

차이는 여기에 있다. 삶의 시련은 우리가 그것을 활용하든 말든 어차피 찾아오게 마련이다. 이때 영적으로 게으른 사람은 원망을 하지만, 영적으로 부지런한 사람은 **같은 사건 속에서** 통찰과 변화를 얻는다. 이제부터 우리는 남들의 무시, 불편한 일, 험담과 중상, 힘든 시기, 심지어 질병까지도 의지적으로 활용하도록 하자. 매번 원망하기보다 인내심과 이해심과 겸손을 키우는 기회로 삼는 것이다.

하나님이 맡겨 주신 모든 본분에 충실하며 부지런히 수고하는 삶이야말로 인간이 살 수 있는 가장 보람된 삶이다. 우리는 본래 그렇게 살도록 지어졌다. 목숨을 거두는 날 우리는 자신이 그렇게 살지 못한 것을 아쉬워하거나 그렇게 살았던 시간을 감사하게 될 것이다. 결국, 내가 주님께 가장 듣고 싶지 **않은** 말은 "악하고 게으른 종아" 마 25:26라는 말이다. 반대로 우리가 모두 간절히 듣고 싶은 말은 "잘하였도다, 착하고 충성된 종아" 21절라는 말이 아닌가? 그렇다면 우리를 그 자리로 데려다 줄 마음과 **몸을** 지금부터 가꾸어 나가자.

한 번 더 생각해 보기

1. 저자는 '태만과 게으름은 삶의 가장 귀한 것들을 죽인다' 라고 했다. 당신의 삶을 돌아볼 때 그런 '사상자들'이 보이는가? 나태 때문에 어떤 일이나 인간관계에 손해를 입은 적이 있는가? 당신이 현재의 지식을 가지고 과거로 돌아갈 수 있다면, 자신에게 뭐라고 말해 주겠는가?

2. 당신의 삶에서 게으름이나 태만이 가장 두드러지게 나타나는 부분은 어디인가? 그것이 어떻게 나타나고 있는가?

3. 현재 하나님이 당신에게 맡겨 주신 영적 일은 무엇인가? 당신은 그 일이 쉽기를 바라는가? 일이 힘들어지면 원망하는가? 그런 힘든 일은 우리에게 쉼을 주시겠다는 예수님의 말씀(마 11:28)과 서로 어떻게 조화를 이루는가?

4. 디모데후서 2장 6절을 읽으라. 농사와 그리스도인의 성숙은 어떤 면에서 비슷한가? 거기서 배워 당신의 삶에 적용할 만한 교훈이 있는가?

5. 디모데후서 2장 15절을 읽으라. 당신은 그리스도인으로서 자신을 '일꾼'으로 생각한 적이 있는가? 제자도를 보는 사도 바울의 관점에 대해 이 구절에서 알 수 있는 것은 무엇인가?

09. 골골 80세 No! **팔팔 100세 Yes!**

지금까지는 건강, 과식과 폭식, 게으름을 꽤 고상한 관점에서 살펴보았다. 즉 그것들이 우리의 영혼에 미치는 영향, 우리가 전하는 복음에 미치는 영향, 하나님과의 관계에 미치는 영향을 알아보았다. 짧게나마 이번 장에서는 몸에 미치는 영향으로 방향을 돌리고자 한다. 우리는 하나님이 주신 모든 것의 청지기로 부름받았다. 따라서 건강과 관련된 자신의 선택들의 유익과 피해에 대해 솔직해질 필요가 있다.

80세에도 강건할 수 있다

몸이 망가지면 그것이 우리의 전반적 건강에 비참한 영향을 미칠 수 있다. 하지만 그것을 보기 전에 먼저 운동과 건강의 긍정적 유익부터 살펴보자.

메메트 오즈 박사와 마이클 로이즌 박사가 말한 바로는, "신체 활동의 수준은 당신이 62세나 102세에 늙고 노쇠해 보일지를 예측하는 단연 가장 중요한 요인이다. 인간의 몸은 본래 활동하게 되어 있다. 젊음을 유지하려는 노력은 병을 피하기 위해서가 아니라 허약함을 피하기 위해서다."[1]

건강은 병을 피하는 문제가 아니라 허약함을 피하는 문제다. 나는 이 말이 참 좋다. 이것은 하나님의 쓰심에 합당해지는 일과도 관계가 깊다. 나이가 70세인데 55세처럼 보이는 사람이 있는가 하면 나이는 55세인데 거동은 70세와 같은 사람도 있다. 나는 출장 중에 그런 경우를 종종 보는데, 양쪽의 차이는 엄청나다. 물론 일부는 유전적 요인도 있다. 하지만 각자가 선택하는 생활 방식이 중대한 영향을 미칠 수 있다.

운동학 교수인 스티븐 호킨스 박사는 이렇게 역설한다. "생체 나이와 달력 나이는 크게 다르다. 후자가 년도 상의 나이라면 전자는 몸으로 느껴지는 나이다. 달리기를 하는 사람들의 생체 나이는 달력 나이보다 최소한 10년이 젊으며, 그 간격은 시간이 지날수록 더 벌어진다."[2] 노후 생활의 질은 지금 내가 어떻게 사느냐에 따라 일정한 한도 내에서 크게 달라질 수 있다. 오즈 박사와 로이즌 박사가 말한 바로는, "신체 활동은 활력을 유지하고 노화를 늦추는 좋은 방법이지만 안타깝게도 과소평가되고 있다."[3]

그것은 '노인'이 되기 전에도 마찬가지다. 나는 30대 때만 해도 바쁘게 사느라고 운동을 제쳐놓았다. 밤낮으로 두 직장에서 일하면서 아내와 소통하고 세 어린 자녀의 삶에 동참하려 애썼다. 그러다 보니 3킬로그램의 과체중이 5킬로그램이 되었고, 다시 7킬로그램을 거쳐 10킬로그램으로 늘었다. 느리지만 확실한 변화였다. 40대 초반이 되어서야 이제는 가만히 있어서는 안 되겠다는 생각이 들었다.

30대 때의 내 설교를 들었던 한 청년이 나중에 내 설교를 들었다. 그때 내 나이는 40대 초반이 되어 있었다. 강연 후에 그가 내게 다가와 말했다. "게리, 6년 전보다 오늘이 더 젊어 보입니다. 강연도 두 배나 더 힘이 있고요." 내 몸에 붙어 있던 10킬로그램의 과체중이 생각보다 큰 영향을 미쳤던 것이다.

단기적으로 볼 때, 건강관리야말로 삶의 전반적 질을 향상하는 가장 빠르고 쉬운 길이다. 반드시 살을 빼지 않더라도 마찬가지다. 팀 처치는 루이지애나 주 배턴루지에 있는 페닝턴 생체의학 연구소의 예방의학 연구 책임자다. 그의 연구 결과에 따르면, 날마다 운동을 10분이라도 많이 한 여자들은 "손자 손녀에게 뒤처지지 않고 걷기, 계단 오르기, 식료품 들어 나르기 등 일상적인 일에 더 자신이 있었다. 또한, 사회생활에도 더 자신감을 보였다." 같은 연구에서, "운동하는 여자들은 민첩성, 체력, 전반적 건강, 정신 건강, 정서적 행복감, 사회생활 등 모든 분야에서 삶의 질이 향상되었다고 말했다. … 운동을 많이 한 사람일수록 향상된 정도도 더 컸다."[4]
하버드 의대 정신의학 교수이자 「운동화 신은 뇌」[북섹]의 저자인 존 레이티가 밝혔듯이, "꾸준한 신체 활동은 뇌 기능을 향상할 뿐 아니라 우울증과 불안을 퇴치하는 데도 도움이 된다."[5] 레이티에 따르면 "속도감 있는 운동은 특정한 단백질의 생성을 증대시킨다. 뇌에서 나오는 이 신경 영양물질은 뇌의 비료라 할 수 있다. 신체 활동은 뇌에 영양을 공급하는 이 단백질을 분비시키는 최선의 방법 중 하나다."
이것을 뒷받침해 주는 사례가 아주 많다. 그래서 나는 과학적 연구 결과에 굳이 놀라지 않는다. 당신이 주로 자리에 앉아서 지내는 사람이라고 하자. 지금 운동을 시작하면 처음 두어 주 동안은 고통스러울 것이다. 하지만 전혀 힘든 줄 모를 정도로 일단 운동이 몸에 배면, 그때부터 정신적 유익이 엄청나다. 문제는 많은 사람이 운동을 시작해서 한 주 동안 고통만 느끼다가, 정신적 유익이 미처 시작되기도 전에 운동을 포기한다는 사실이다.

건강을 **얻기까지는** 힘들고 고통스러운 과정일 수 있지만, 건강을 **누리는** 삶에는 기쁨이 가득하다. 내 경우, 마라톤에 적합한 몸매를 잘 유지하면 장거리를 달려도 녹초가 되지 않는다. 그럴 때 누리는 보상은 엄청나다. 하나님을 더 사랑하게 되고, 아내와 자녀를 더 사랑하게 된다. 어떻게 하나님을 섬기고 그분께 쓰임 받을지 꿈꾸게 된다. 운전 중에도 인내심이 많아진다. 사람들은 신체 운동을 '세상적'이라 비난할지 모르지만, 나는 거기에 엄청난 영적 유익이 있음을 경험으로 깨달았다.

식탐에 맞서 싸우는 부분에서도, 운동은 신경학적으로 말해서 과식의 가장 훌륭한 대체물이다. 데이비드 케슬러 박사는 이렇게 말한다. "상당수의 연구로 입증되고 있듯이, 운동은 기분을 좋게 하는 다른 방법들과 마찬가지로 뇌의 같은 신경 부위를 자극하여 비슷한 화학 반응을 유발한다."[6]

연구가들이 밝혀낸 사실을 쉽게 표현하면 이렇다. 운동하면 엔도르핀이 생성되어 기분이 좋아지고 살이 빠지지만, 음식을 위안 삼아 먹으면 기분만 좋아질 뿐 반대로 살이 찐다. 당장 정신적 반응은 똑같지만, 전자는 건강과 활력을 가져다주지만 후자는 사람을 병들고 허약해지게 한다.

운동하면 비단 기분만 좋아지는 게 아니다. 운동은 또한 전반적 뇌 기능을 향상해 '우리를 모든 선한 일에 준비시켜 줄' 수 있다. 레이티에 따르면, 그냥 힘차게 걷기만 해도 뇌세포들의 상호작용이 원활해지고, 해마에 더 많은 세포가 생성될 수 있다. 해마는 학습 및 기억과 관련된 뇌 부위다.

레이티가 또 밝혔듯이 운동은 스트레스를 감소시키는 효과가 있으며, 흡연 중독이나 알코올 중독을 퇴치하는 매우 유용한 도구다. 아울러 그는 운동이 주의력 결핍 장애가 있는 사람들에게 도움이 되며, 노인성 치매의 발병도 지연시킬 수 있다고 믿는다. "이미 수많은 연구 결과로 입증된 것처럼, 흔히 65세를 전후하여 시작되는 노인성 뇌의 퇴화도 규칙적인 신체 활동으로 예방할 수 있다."[7]

끝으로, 몸 관리를 잘하면 죽을 때도 훨씬 편안할 가능성이 크다. 쿠퍼 박사의 클리닉에 따르면, 건강한 사람들은 노쇠하여 기능이 감퇴한 상태로 사는 기간이 훨씬 짧은 편이다. 그런 사람들은 비교적 독립적으로 제 기능을 다하다가 오히려 급사하는 경향이 있다. 반면에 '몸이 망가진' 사람들은 대개 기능이 감퇴한 상태로 여러 해를 살면서 천천히 악화되어 간다. 어떤 의미에서 죽음을 향해 '기어가는' 것이다. 그만큼 고통과 좌절도 더 크다. 물론 보장은 없다. 살찌지 않고 건강한데도 장기간에 걸쳐 고통스럽게 죽어가는 사람들도 있다. 우리도 그런 경우를 다 알고 있다. 하지만 여러 증거에서 보다시피, 몸 관리를 적적히 하면 그런 식의 죽음이 훨씬 줄어들 수 있다.

나쁜 소식

이번에는 나쁘다 못해 무서운 소식이다. 2009년에 발표된 몇몇 연구를 보면 비만의 끔찍한 결과를 알 수 있다. 살이 찐 경위와 관계없이 비만은 사람의 건강에 비참한 영향을 미칠 수 있다. 한 연구에 따르면 비만 때문에 해마다 1십만 5백 건의 암이 새로 발생했다. 미국 암 연구소에서 밝혔듯이 과잉 체지방은 유방, 자궁내막, 신장, 결장, 직장, 췌장, 식도, 담낭 등에 암을 유발하는 요인이 된다. 비만은 또한 제2형 당뇨병과 심장 질환의 위험을 높인다.[8] 최근에 하버드에서 시행한 연구를 보면, "비만은 머잖아 흡연을 제치고 암으로 말미암은 사망의 제일 원인으로 올라설 수도 있다."[9]

영국 옥스퍼드 대학교 교수들이 9십만 명을 대상으로 광범위한 연구를 시행한 결과, "비만(건강 체중보다 18킬로그램 이상 과체중)인 성인들은 주로 심장 질환과 뇌졸중 때문에 수명이 3년쯤 단축될 수 있다."[10] 건강 체중보다 45킬로그램 이상 더 살을 찌우는 사람들은 결과가 더욱 암담하여, 수명이 10년이나 단축될 수 있다. 자녀와 손자 손녀와 함께 지내고 사역에 힘쓸 수 있는 기간을 꼬박 10년을 잃는 것이다.

나는 영과 육의 건강에 대해 강연하고 있지만, 스캇 밴루 박사는 정서적 적용점도 찾아냈다. 그의 경고처럼, 노화의 가장 위험한 측면 중 하나는 중년 남자의 테스토스테론 감소와 10대 아들의 테스토스테론 증가가 시기적으로 겹친다는 점이다.

최악은 복부 지방이 있는 남자다. 근육이 지방으로 변하면 테스토스테론이 에스트로겐으로 전환되는데, 그렇게 되면 남자는 본능적으로 버럭 성을 내기 쉽다. 이렇게 호르몬이 에스트로겐 때문에 이전보다 민감해지면, 남자의 몸은 폭발하기 일보 직전이 된다. 정서적 민감성은 높아지지만 자제력은 줄어들기 때문에, 과체중인 남자는 걸핏하면 폭발하는 것이다. 그런데 마침 함께 사는 아들은 테스토스테론 분비량이 점점 증가하고 있다. 그러니 당연히 서로 크게 부딪칠 수밖에 없다.[11]

많은 목사들은 남자가 화내며 아들과 싸우는 문제를 죄의 문제로 다룰 것이다. 물론 죄도 하나의 요인이지만, 스캇은 그것을 또한 생리적 문제로 다룬다. 복부 지방은 건강에 해로운 속도로 테스토스테론을 에스트로겐으로 전환한다. 복부 지방을 일부라도 없애게 되면, 남자는 정서적으로나 관계면에서나 훨씬 더 건강해질 것이다.

과체중은 신체적, 정서적 결과만 아니라 재정적 결과도 낳는다. <Obesity>비만 잡지에 게재된 한 연구에 보면, 20대에 비만13.5킬로그램 이상 과체중인 사람들이 평생 지출할 의료비는 정상 체중의 또래들보다 월등히 높은 것으로 나타났다.[12] 31.5킬로그램 이상 과체중인 사람들의 평생 의료비는 그보다 더 높았다. 조지 워싱턴 대학교에서 실시한 한 연구는 병가를 내는 날수, 생산성의 손실, 추가로 소요될 연료비 등을 두루 고려하여 비만의 가격을 매겼다. 이에 따르면 매년 비만 때문에 발생하는 지출이 여자는 4,879달러, 남자는 2,646달

러였다.[13]

'과체중'의 범주에 드는 어마어마한 수의 사람들까지 생각하면 이런 결과는 더욱 우려를 낳는다. 사실 통계 수치는 완전히 충격적이다. 미국 성인의 66퍼센트는 비만이거나 과체중이며, 비만은 약 3분의 1에 해당한다.[14]

물론 몸을 관리하려면 어떤 의미에서 시간과 돈이 든다. 하지만 건강하지 못한 상태로 그냥 있는데도 나름대로 비용과 고통이 따른다. 저명한 청교도인 랄프 베닝은 "고난을 피하려고 죄를 짓는 사람은 그 죄 때문에 더 큰 고난을 자초한다"[15]고 했다. 식욕이 동할 때마다 먹어대고 운동하기 싫을 때마다 게으름을 피운다면, 결국 나는 그 죄 때문에 더 큰 고생을 당하게 된다. 공복통이나 운동으로 말미암은 고생은 그에 비하면 아무것도 아니다.

우리의 몸을 친절하게 대하자. 더 좋은 음식을 먹이고 운동을 충분히 공급해 주자. 없으면 못 살 듯싶은 것들도 이따금 금하자. 우리의 심장, 허파, 위장과 친구가 되자. 다시는 몸에 덧없는 방종의 짐을 지도록 요구하지 말자. 우리가 몸을 잘 섬기면 몸이 우리를 섬길 수 있다. 몸의 도움으로 하나님을 위해 더 의미 있고 생산적인 삶을 살 수 있다.

❦ 건강으로 강화된 몸

넬슨 만델라의 삶은 20세기의 가장 뜻깊은 정치 인생 중 하나라 할 수 있다. 그 과정에서 그는 27년을 감옥에서 견뎌야 했다. 본인의 말로, 그의 인내력은 젊었을 때 아마추어 권투도 하고 열심히 달리기도 하면서 배운 교훈 덕분이었다.

그의 감방은 웬만한 침대 하나보다 크지 않았다^{나는 남아공의 한 박물관에 복제 전시된 만델라의 감방에 직접 가 보았는데 정말 숨이 턱 막혔다}. 그런데도 그는 몸이 허약해지지 않으려고 제자리달리기, 팔굽혀펴기, 윗몸일으키기를 꾸준히 했다. 27년의 옥살이 중 3년은 좀 더 큰 공동 감방에서 지낼 수 있었는데, 그 바람에 약간의 긴장이 유발되기도 했다. 새벽 5시마다 그가 좁은 감방 안을 빙빙 돌며 한 시간씩 달리느라 동료 재소자들을 다 깨워 놓았기 때문이다.[16]

만델라는 75세가 되어서야 남아공의 대통령이 되었다. 감옥에서 몸이 허약해지도록 그냥 있었다면, 아마 석방된 후에 건강이 따라 주지 않아 나라를 이끌 수 없었을 것이다. 대통령의 임기가 끝나던 80세 때까지 강하게 버티지는 더더욱 못했을 것이다. 오늘날 몸과 머리를 노년까지 잘 유지하지 못한 결과로 조기에 생애가 끝나 버린 부모, 조부모, 사업가, 목사가 얼마나 많은가!

하나님은 당신에게 많은 은사와 힘들여 얻은 경험을 주셨다. 당신은 자신의 몸을 잘 관리하고 있는가? 천수를 다하고 하나님의 부름을 받을 때까지, 그 은사의 선한 청지기가 될 수 있겠는가? 당신이 10대나 20대의 젊은이라면, 혹시 지금부터 나쁜 습관에 빠져 미래의 생산적 세월을 축내고 있지는 않은가?

교회가 진정 성도를 위한다면, 약간 민감한 문제가 될 수도 있겠지만, 몸 관리에 대해서도 관심을 가지고, 건강을 위한 추구를 함께 모색해야 하지 않을까? 적절한 테두리와 우선순위 안에서 말이다. 그만큼 이것이 육체와 정신과 영혼의 건강에 확실히 긍정적 요인으로 작용하기 때문이다. 하나님의 사람들이야말로 현대의 이 싸움에 당연히 앞장서야 하지 않겠는가? 우리는 하나님을 우리 몸의 창조주로 믿으며, 하나님께 받은 모든 것의 선한 청지기라는 소명을 받아들이는 사람들이기 때문이다. 게다가 성령께서 우리 안에 거하시며 능력을 주신다.

이전 세대들은 그랬다. 지금부터 그중 하나인 '근육질 기독교'라는 운동을 살펴보기로 하자.

한 번 더 생각해 보기

1. 운동을 통해 우리는 몸이 허약해지는 것을 피하거나 지연시킬 수 있다. 청지기직의 관점에서 볼 때 그것은 얼마나 중요한 생각인가? 그것을 목표로 운동에 시간을 들이는 것은 가치 있는 일인가?

2. 그리스도인들이 '기분이 좋아지기' 위해 운동하는 것은 바른 동기인가? 왜 그렇거나 그렇지 않은가?

3. 스캇 밴루 박사는 부자 관계의 갈등 같은 특정한 이슈들을 죄의 관점에서만 아니라 또한 생리적 관점에서 다룬다. 목사들과 교회 지도자들도 그래야 한다고 보는가? 그리스도인들이 우울, 분노, 스트레스 같은 증상을 다스리는 데 도움을 얻고자 운동과 체중 감량을 고려하는 것은 적절한가?

4. 저자는 '우리의 몸을 친절하게 대하고' 충분한 운동과 더 좋은 음식을 공급해 주자고 말한다. 당신은 자신의 몸을 얼마나 친절하게 대하고 있는가? 가장 가혹한 상태가 1점, 가장 자상한 상태가 10점이라면 당신은 몇 점이나 되겠는가?

10. **근육질 기독교**에서 배우는 교훈

유명한 심리학자 G. 스탠리 홀은 약간 낙천주의적일 수 있지만, 다음과 같은 예측을 했다. "기독교는 금세기의 이 나라에나 다른 시대의 다른 지역에나 많은 놀라운 진보를 이루었다. … 그 중 미래의 기독교 교회 역사가들은 복음을 몸에 전한 이 운동을 가장 획기적인 사건의 하나로 꼽을 것이다."[1]

여기서 홀이 말한 운동이란 '근육질 기독교'를 가리킨다. 이것은 19세기 말에 영국에서 시작된 운동으로 '남자다움'과 건강한 몸을 기독교의 높은 이상으로 강조했다.여자들은 성차별적 표현에 불쾌해하지 않기 바란다. 어투는 시대에 뒤졌지만, 그 속에 남녀 모든 그리스도인을 위한 위대한 진리가 들어 있다. '복음을 몸에 전한다'는 개념을 처음 내놓은 일부 영국인들은 영국 국교회가 약하고 망가진 몸들과 여성화된 남자들을 지나치게 수용한다는 사실을 우려했다. 이 운동이 미국에서 지지를 얻은 데는 초기의 칼뱅주의가 종종 '운동하는 것'을 부도덕한 시간 낭비요 일탈의 죄로 여긴 데도 일부 원인이 있었다. 그래서 칼뱅주의가 간접적으로 길러 낸 기독교 지도자들은 영적 리더십의 권위를 주장하되 몸은 병약하거나 게으른 경우가 많았다.

몸을 소홀히 하기는 여성도 다를 바 없어서 '신경 쇠약'을 진단받는 여자들이 많았다. 신경 쇠약의 특징은 몸살, 지나친 염려, 건강염려증, 우울, 소화 불량, 만성 피로 등이었다. 아울러 그들은 삶을 의미 있게 영위할 능력도 없었다. 이런 증상은 일하지 않아도 되는 유복한 여자들 사이에 만연했다. 안타깝게도 처방은 대개 '휴식 요법'이었는데, 전혀 효과가 없었다. 이 여자들에게 필요한 것은 체력을 기르는 일이었다. 낫기를 바라며 무위도식하는 것은 문제의 해법이 아니라 원인이었다.

이 운동에 유감스러운 성차별이 존재하는 것은 분명하지만, 그래도 예리한 여성 지지자들은 근육질 기독교의 배후 진리를 포착하여 여자들에게 도전했다. 건강 전도사 헬렌 맥킨스트리는 결혼을 생각 중인 남자치고 '골프장에서 남편의 상대가 되어 주고, 자녀에게 놀이 동무가 되어 줄, 강하고 혈기왕성하고 신체적으로 용감한 여자'보다 '온실 속의 화초처럼 가냘프고 허약한 여자'를 선택할 사람이 누가 있겠느냐고 반문했다.[2]

물론 그 말조차도 현대인의 귀에는 성차별로 들린다. 몸이 건강한 여자라야 남자들의 선망을 받을 수 있다는 식으로 말이다. 하지만 YWCA 총재를 지낸 메리던 같은 사람들은 여자들도 닥쳐오는 영적 도전에 맞서기 위해 건강해져야 한다고 촉구했다.

근육질 여성들이 필요하다. 이런 젊은 여성들은 어떤 사람들인가? 주께서 "나를 위해 이것을 하라, 저것을 하라"고 하실 때, 가장 어려운 명령에도 응할 수 있는 사람들이다. 그 명령을 수행하려면 인내심이 있어야 하고, 에너지 보존의 원리를 알아야 하고, 체력을 통해 의지력을 발휘해야 한다. 유려한 영혼이 몸이라는 투명한 매체를 통해 밝게 빛나야 한다. 몸을 잘못 사용하여 흐릿한 거울이 되게 해서는 안 된다.[3]

❀ 근육질 기독교의 목표는 섬김이다

근육질 기독교의 목표는 멋있어 보이기 위한 몸만들기가 아니라, 하나님을 능동적으로 섬기기에 합당한 몸을 지니는 것이다. 약하거나 몸이 망가진 남자들과 신경 쇠약에 걸려 집 안에 갇혀 사는 여자들은 우선 수명이 짧아지고 삶의 효율성이 떨어진다. 그뿐 아니라 기력도 약해지고, 존경도 덜 받고, 세상에 복음도 잘 전하지 못한다. 그것은 근육질 기독교의 지지자들이 주장했던 바이자 예로부터 알려진 진리이기도 하다. 2세기의 주교 이레니우스는 "인간이 온전히 살아 있을 때 하나님이 영광을 받으신다"고 썼다.

근육질 기독교의 초기 주창자인 C. T. 스터드는 당대의 가장 뛰어난 크리켓 선수 중 하나였다. 그는 결국 크리켓을 우상으로 삼은 것을 뉘우쳤지만, 그래도 경쟁을 통해 배운 교훈만은 늘 고맙게 여겼다. 이를테면 자아 부인, 인내, 용기 등의 중요성 같은 교훈이었다. 이 모두는 승리하는 그리스도인의 삶으로 직결되었다. 따라서 스포츠를 통한 사려 깊은 경쟁은 구원받은 사람들이 그리스도를 닮아가는 데 도움이 된다고 볼 수 있다. 사실 근육질 기독교의 또 다른 주창자인 제임스 네이스미스가 농구 시합을 창안해낸 것도, 사람들에게 도덕성과 기독교적 가치관을 전하는 수단으로 삼기 위해서였다.[4]
이렇듯 건강한 몸은 영적 성장의 옥토가 될 수 있지만, 음식에 무절제한 태도와 게으른 몸은 우리의 영혼을 부패하게 할 수 있다. 위에 말한 신앙의 선배들이 알고 있던 그 사실을 오늘 우리도 절실히 되찾아야 한다. G. 스탠리 홀은 역설하기를, '체력'이 놀랍도록 삶을 향상해 주지만 안타깝게도 많은 그리스도인이 그러한 측면을 보지 못하고 있다고 했다. 그는 또 그들이 '약함과 악함이 종종 위험할 정도로 가깝다'는 사실도 모르고 있다고 지적했다.[5]

# 영향력 있고 열매가 풍성한 삶을 살려면

유약한 도시 생활에 대항하고자 근육질 기독교의 지지자들은 '분투하

는 삶'이라는 표현을 썼다. 일부 신봉자들이 지혜롭지 못하게 '책을 통한 학습과 공부'를 배격했지만, 다른 사람들은 젊은이들이 몸을 튼튼하게 하면서 공부도 열심히 해야 한다고 역설했다. 전인적인 사람은 존재의 어떤 측면도 소홀히 하지 않는다고 믿었던 것이다. 예일대학교 수학 교수인 유진 리처즈는 이렇게 경고했다. "나태와 나약한 방종으로 몸이 부실해지면 정신이 해이해진다. 사고가 유약하고 부실해지면 … 언제나 그와 함께 몸까지 허약해지는 것과 같은 원리다."[6]

그 배후의 논리는 이런 것이다. 그리스도인으로서 영향력 있고 열매가 풍성한 삶을 살려면 억세고 강인한 정신이 필요하다. 도전에 정면으로 부딪쳐야 하고, 실패에 굴하지 않고 소화해낼 줄 알아야 하고, 다시 일어나 계속 전진해야 한다. 이 모두는 스포츠를 통해 배울 수 있는 교훈이다. 능동적으로 유혹에 맞서 싸우는 일, 두려움을 극복하고 사역에 뛰어드는 일, 팀으로 협력하는 법을 배우는 일, 패배에 승복하고 승리에 겸손히 반응하는 일, 용기를 길러 정말 무서운 실력자에게 맞서는 일, 이것은 다 치열한 영적 전투에 임하도록 훈련된 그리스도인의 특성이다.

유약한 사람들은 조금만 귀찮아도 불평하기 일쑤이고, 게으름과 과욕에 굴하고, 자기는 쉬면서 남들이 일하기를 바라고, 능동적인 운동보다 수동적인 오락에 빠진다. 이런 영혼들은 보나 마나 하나님 나라의 전투에 거의 부적합하다. 그들은 누구에게도 위협이 되지 않으며,

특히 사탄에게는 더 말할 것도 없다.

근육질 기독교의 지지자들은 교회들이 분투하는 삶을 가르치지 않아 가장 우수하고 똑똑한 젊은이들을 기독교 밖으로 몰아내고 있다고 보았다. 어느 지도자는 그것을 이렇게 표현했다. "오늘날 전형적인 교회 생활에는 노력과 씨름이 부족하다. 그래서 젊은이들을 교회 안으로 끌어들이기 힘들다. 조금이라도 남자다운 면이 있는 사람에게 안일의 온실은 매력이 없기 때문이다."[7]

그들이 스포츠를 옹호한 것은 우리가 경쟁적이 되어야 한다는 뜻이 아니었다. 건강한 몸 자체가 전반적 행복감에 지대한 영향을 미치며, 따라서 우리의 사역과 영적 삶에도 큰 영향을 준다는 뜻이었다. 한 성직자는 자전거 타기가 자신을 '단조로움'과 나쁜 건강 상태에서 구해 주었다고 썼다.

"나를 그토록 오랫동안 괴롭히던 영들이 내가 자전거를 타면서부터 기적처럼 사라졌다. 그들의 갈라진 발굽과 살랑대는 꼬리가 어두운 과거 속으로 자취를 감추자, 이번에는 건강과 원기의 영들이 멋진 얼굴로 나를 웃으며 맞아 주었다."[8]

단순히 자전거의 먼지를 털어내고, 체인에 기름을 치고, 일과처럼 꾸준히 타기만 해도 삶의 활력과 기쁨을 되찾을 수 있다. 그것을 필요로 하는 목사들이나 지친 여성 경영자들이 얼마나 많은가. 자녀와 함께 수영장에 가서도 의자에 앉아 책이나 신문만 읽을 게 아니라 아이들이 노는 동안 교대로 열심히 수영을 해 보라. 그러면 기력이 몰라보게 좋아진다. 그것이 필요한 엄마들과 아빠들이 얼마나 많은가.

우리가 맞서야 할 도전

19세기와 20세기 초의 지도자들은 당대에 교회 성장을 막는 큰 장애물 중 하나로, 기독교가 별로 도전을 내놓지 않는다는 사실을 꼽았다. 구원은 공로 없이 거저 주어졌고, 교회 일은 위원회 모임과 차^茶로 이루어졌으며, 예배도 미사여구의 노래를 부르는 게 주된 형식이었다. 이는 도전을 갈구하는 남녀, 사업체를 세우거나 운영하느라 씨름하는 남녀가 흥미를 느낄 만한 일은 전혀 아니었다. 어느 침례교 사역자는 그것을 이렇게 표현했다. "교회에는 남자들의 기술과 용기를 요구하는 일이 별로 없다. 그들은 기업의 분투하는 삶에 익숙해져 있는데, 교회는 그들에게 생기 없는 위원회 일을 맡기려 한다. 이 둘은 너무도 극명한 대조를 이룬다."[9]

오늘날에도 같은 도전이 존재한다. 우리의 교회들은 활기찬 남녀들이 삶의 모든 도전과 씨름을 끌어안고 담대히 전진해 사람들에게 감화를 끼치는 곳인가? 아니면 온갖 위원회들과 현실감 없는 노래들과 실망한 사람들이 있는 곳인가? 물론 우리는 병자들, 외로운 사람들, 회복 중인 중독자들, 약자들을 사랑하고 인정하고 세워 주는 전초기지가 되어야 한다. 하지만 그러려면 또 다른 사명을 받아들여야 하는데, 그것은 바로 우리가 건강하고 튼튼하고 능동적인 종들이 되어야 한다는 사실이다. 어떻게 하면 그럴 수 있을지 우리는 고민해야 한다. 이 부분에서 교회는 값비싼 실수를 범했다. 바울은 고린도 교인들에게 하나님이 세상의 약한 것들을 쓰셔서 강한 것들을 부끄럽게 하려 하신다고 썼다. 그런데 우리는 이 말을 오해하여, **약함**을 장려하는 의미로 받아들인다. 사실 바울이 장려한 것은 **겸손**인데 말이다. 바울의 말을 잘 들어 보라.

형제들아, 너희를 부르심을 보라. 육체를 따라 지혜로운 자가 많지 아니하며 능한 자가 많지 아니하며 문벌 좋은 자가 많지 아니하도다. 그러나 하나님께서 세상의 미련한 것들을 택하사 지혜 있는 자들을 부끄럽게 하려 하시고 세상의 약한 것들을 택하사 강한 것들을 부끄럽게 하려 하시며 하나님께서 세상의 천한 것들과 멸시 받는 것들과 없는 것들을 택하사 있는 것들을 폐하려 하시나니 **이는 아무 육체도 하나님 앞에서 자랑하지 못하게 하려 하심이라** 고전 1:26~29.

이 가르침의 분명한 강조점은 우리의 모든 자랑이 "주 안에서" 고전 1:31 하는 자랑이어야 한다는 것이다 물론 그것만이 유일한 강조점은 아니다. 고든 피가 설명한 대로, '바울은 약함을 위한 약함을 자랑하지 않는다. …

오히려 그의 자랑은 고린도 교인들에게 다음 사실을 일깨워 주기 위함이다. … 진정한 능력은 사람이나 말솜씨에 있지 않고 성령의 역사에 있다는 사실이다."[10]

"형제들아, 너희를 부르심을 보라. 육체를 따라 지혜로운 자가 많지 아니하며 … 그러나 하나님께서 세상의 미련한 것들을 택하사 지혜 있는 자들을 부끄럽게 하려 하시고"고전 1:26~27. 진지한 교사치고 바울의 이 말을 보고 학문이 중요하지 않다고 결론지을 사람이 있겠는가? 우리가 그냥 무식하고 사리에 어둡고 못 배운 채로 있어도, 이를 통해 하나님을 영화롭게 할 수 있다고 말할 사람이 있겠는가? 말도 안 된다! 오히려 이 말은 우리가 **하나님을 경외하는 마음으로** 열심히 공부하고, **그분의** 지혜와 계시를 받으며, 그분의 겸손을 본받아야 한다는 뜻이다.

마찬가지로 약하고 게으른 몸도 우리가 부르심을 받던 **그 당시의 모습**일 수는 있다. 하지만 그리스도 안에서 온전히 살아 있으려면 새로운 삶, 충만한 삶, 활기차게 분투하는 섬김의 삶에 들어서야 한다.

그것이 아닌 유일한 대안은, 무식하고 못 배우고 약한 상태를 우리가 도달할 수 있는 가장 거룩한 상태로 생각하는 것이다.정확히 그렇게 믿고 생활한 극단적 금욕주의자들이 기독교 역사에 실제로 있었다. 하지만 바울은 같은 서신의 뒷부분에, 우리는 우리의 것이 아니라 값으로 사신 존재이며 따라서 우리의 몸으로 하나님께 영광을 돌려야 한다고 말했다 고전 6:19~20. 교회마다 올림픽 선수들로 가득해야 한다는 말이 아니다. 건강한 몸을 생각할 수조차 없는 교인들, 여러 가지 장애나 질병을 안고 있는 교인들도 많다. 이 소중한 교인들이야말로 오히려 운동에 재능이 있는 사람들보다 더 자신의 몸으로 하나님을 영화롭게 할 수 있다. 그들의 마음가짐, 인내심, 그리고 자신의 한계를 받아들이는 용기를 통해서 말이다. 나는 지금 건강한 강골들만 하나님을 영화롭게 한다고 말하는 게 **결코 아니다** 그렇게 믿지도 않는다. 장애를 견디며 살아가려면 웬만한 사람들이 알지 못하는 엄청난 용기와 인내가 필요하다. 역시 우리의 강조점은 외모가 아니라 은처럼 단련된 영혼이며, 모든 강한 영혼의 기초는 겸손이다. 바울이 경고했듯이 지식 자체는 사람을 '교만하게' 한다 고전 8:1. 건강한 몸도 마찬가지다. 몸 만들기, 마라톤 달리기, 골프, 체조 등 모든 스포츠는 이기적 야망과 교만으로 빗나갈 수 있다. 하지만 우리는 학식이 교만으로 이어질 수 있다 하여 지식과 공부를 금하지는 않는다. 그렇다면 신체적 건강과 성취가 죄로 이어질 수 있다 하여 그것을 금하는 게 말이 되는가? 하나님을 욕되게 하는 것은 교만이지 실력이나 탁월함이 아니다.

초창기 YMCA의 한 강사는 기독교가 이런 도전 정신을 잃은 결과로 수많은 10대와 20대 청년들이 교회에 오지 않는다고 보았다 오늘날에도 같은 문제가 존재한다. 그는 교회가 신앙을 '너무 쉽고 값싸게' 만들었다고 역설하면서, 만일 교회가 "청년에게 잔치 대신 전투를, 상 대신 검을, 안락 대신 출정을 약속한다면 그들 모두의 내면 깊은 곳에 잠자고 있는 영웅이 벌떡 일어나 반응할 것"이라고 했다.[11]

학생자원운동의 지도자이자 근육질 기독교의 주창자인 존 모트는 프린스턴 대학교 총장과 예일 대학교 학장이 되어 달라는 제의를 물리치고 청년들에게 전도하는 일에 주력한 사람이다. 그는 한 세대의 청년을 집결시키고 힘을 불어넣었다. 그러기 위해 그는 세상과 교회에 닥친 도전을 강조했고, 용감하고 건강하고 원기가 왕성하고 팔팔한 사람들이 앞으로 나서서 그런 문제에 부딪치는 것이 얼마나 중요한지 역설했다. 자신을 해법의 일부로 보지 않는 젊은이는 어쩔 수 없이 문제의 일부가 되고 만다는 것이 근육질 기독교의 소신이었다. 젊은 남자의 에너지가 다른 사람을 돕고 뭔가 긍정적인 것을 세우는 데 쓰이지 않으면, 그 에너지가 오용되어 온갖 문제를 일으키고 파괴와 혼란을 일으킬 것이다. 비전과 용기가 도덕적 성품을 북돋아 주는 경향이 있듯이, 게으름과 유약함은 사람을 도덕적으로 해이하게 만든다.

오늘날 복음주의 청년의 75퍼센트가 교회에서 떨어져 나가고 있다. 현대의 연구가들이 그러한 현실에 탄식하고 있다는 말을 나도 자주 듣는다. 하지만 1900년대 초반에도 12~18세 남자의 감소율은 지금과 비슷하게 60~80퍼센트에 달했다. 그래서 교회들은 깨닫기 시작했다. 남자 청소년들을 즐겁게 해 주려 하거나 '착하고 무르고 극히 여성적인 분위기'를 만들어내서는 그들의 마음을 얻을 수 없음을 말이다. 오히려 교회들은 그리스도의 나라를 위해 그들의 '전사의 본능'을 흔들어 깨워야 했다.[12] '분투하는 삶'을 중시하는 태도야말로 오늘날 교회가 되살려내야 할 메시지일 수 있다.

기독교 역사 속의 모든 운동은 마땅히 비판을 거쳐야 한다. 맹점과 건강하지 못한 강조점은 어떤 운동에나 있게 마련이다. 그러다 보니 그런 이유 때문에 하나의 운동 전체가 도매금으로 배격당할 때도 있다. 근육질 기독교에는 우리가 받아들일 수 있는 부분이 많이 있다. 영적 목적을 위해 몸이 건강해져야 한다는 성경적 소명부터가 그렇다. 물론 근육질 기독교의 일부 주창자들은 공부를 나쁘게 보았다. 사람들을 인간의 모든 면에서 온전히 살아 있도록 지도한 것이 아니라 육체와 지성을 서로 대립시켰다. '사회 복음' 진영의 일부 강조점과 마찬가지로 이 또한 불행한 일이었다. 하지만 '복음을 몸에 전한다'는 개념은 도전적이고 유서 깊고 성경적인 메시지다. 그 메시지에 우리의 귀를 늘 열어 두도록 하자.

한 번 더 생각해 보기

1. 초기의 칼뱅주의자들은 종종 '운동하는 것'을 부도덕한 시간 낭비요 일탈의 죄로 보고 비난했다. 이런 관점이 제기하는 이슈는 정당한 것인가? 예컨대 마라톤, 철인3종경기, 장거리 사이클 경주 등을 위한 훈련이 무책임한 일이 될 수도 있는가? 만일 그렇다면 언제 그런가?

2. 메리 던은 젊은이들에게 하나님이 자신을 어떤 일로 부르시든 능히 감당할 만한 몸을 가꾸라고 촉구했다. 현대 교회는 이 소명을 어느 정도까지 수용해야 하는가? 신학교들과 성경 대학들은 교리와 학문을 강조한다. 거기에 적극적인 체력 단련까지 보완한다면 그것은 의미 있는 일일까? 이를 통해 거둘 수 있는 유익은 무엇일까?

3. 스포츠의 경쟁은 젊은이들이 사역에 협력하고 영적 전투에 승리하도록 준비되는 데 어떤 도움이 될 수 있는가?

4. 오늘의 교회는 젊은 사람들의 상상력과 관심을 사로잡을 만큼 '분투하는 삶'을 가르치고 있다고 보는가? 만일 그렇지 않다면 어떻게 이 부분을 바로잡을 수 있겠는가? 이것을 하나의 주제로 삼아 추구해야 하는가?

5. 하나님이 약한 자들을 사랑하시고 쓰신다는 것은 성경의 진리다. 어떻게 교회는 그 진리를 고수하면서도 동시에 사람들에게 강해질 것을 촉구할 수 있겠는가?

몸으로 하나님께 영광 돌리다

3부

11. 136킬로그램의 **목사**, 몸으로 하나님께 영광 돌리다

정말 136**킬로그램**이었다. 중고등부 목사인 마크 베이소벡은 저울을 보면서도 자신의 눈이 믿어지지 않았다. 더 젊었을 때만 해도 그는 늘 체형이 아주 좋았고, 원하는 대로 먹어도 살찔 염려를 하지 않아도 되었다. 고등학교에서 미식축구를 할 때는 몸무게가 84킬로그램밖에 되지 않았다. 키 188센티미터에 그 정도면 그야 말로 건강의 화신이었다.

스물여섯 살 때부터 그의 신진대사가 느려지기 시작하더니 서른 두 살에는 아예 멈춘 것처럼 느껴졌다. 곧 마크는 한 달에 2킬로그램씩 체중이 늘었다. 처음에는 이렇게 합리화했다. "그냥 살이 좀 찌는 거야. 그래도 아직은 괜찮아."

사실 성격이 외향적인 마크는 자신의 체중을 도구처럼 활용했다. 살이 찌자 그는 더 재미있는 사람처럼 보였다. 그가 임신 8개월처럼 보이게 배를 쭉 내밀면, 중고등부 아이들은 "이 속에 쌍둥이가 들어 있는 것 같아요!"라고 말하며 깔깔대곤 했다. 마크가 자신을 우스갯거리의 소재로 삼자 아이들도 따라 했던 것이다. 마크는 겉으로는 웃었지만 속으로는 비통한 심정이었다. 그는 집에 와서 거울을 보며 자신에게 이렇게 묻곤 했다.

"어쩌다가 이 지경이 된 거지?"

전임 사역이 2년째로 접어들던 30대 중반부터 마크는 하나님이 자신의 몸 상태에 대해 말씀하시는 것을 느꼈다.

"성경을 보았습니다. 특히 성경 속에 등장하는 남자 지도자들을 보면서, 그들의 몸 상태가 어땠을지 상상해 보았습니다. 과체중인 지도자를 하나도 찾을 수 없었습니다."

다니엘 1장 8절이 그에게 가장 강하게 와 닿았다. 거기 보면 다니엘은 "뜻을 정하여 … 자기를 더럽히지 아니하리라" 했고, 그래서 부적절한 음식을 먹지 않았다. 물론 이 본문은 종교적 이유에서 특정한 음식을 멀리했다는 내용이지만, 건강의 요소도 분명히 개입되어 있다. 그래서 음식 실험을 마친 후에 다니엘과 그의 친구들은 누구보다도 건강하고 몸 상태가 좋아 보였다.

마크는 이렇게 말했다.

"다니엘은 하나님이 자신에게 명하신 역할을 몸으로까지 받아들였습니다. 그 사실 앞에서 나는 마치 몽둥이로 한 대 얻어맞은 기분이었습니다. 다니엘이 순종했기 때문에 하나님은 상황을 반전시켜 그를 높이시고 그에게 모든 명철을 주셨습니다. 나 자신에게 물어보았습니다. 그 동안 내가 몸으로 하나님을 영화롭게 하지 않아 놓친 것이 얼마나 많을까요?"

마크에게 도전을 준 또 다른 말씀은 사무엘하 23장 8~10절에 나오는 다윗의 용사들의 이야기였다. 특히 요셉밧세벳은 단번에 팔백 명을 쳐 죽였고, 엘르아살은 싸우느라 손이 피곤하여 손이 "칼에 붙기까지" 했다. 마크의 계속되는 말이다.

"그들의 단련된 체형을 상상해 보았습니다. 분명히 그들은 몸매가 날렵했고 자신의 몸을 잘 관리했습니다. 그런 그들을 하나님이 전투 중에 지켜 주시고 큰 승리를 주셨습니다."

이런 말씀들을 묵상하면서 마크는 자신의 삶을 더 넓은 관점에서 보아야 할 필요성을 절감했다.

"신체적인 이슈를 제쳐놓고 영적인 이슈에만 신경 쓴다면, 나와 내 사역이 주님의 쓰심에 덜 합당해지겠다는 생각이 들었습니다. 사역을 지속하려면 내 마음과 목숨과 뜻만 아니라 몸을 다하여 하나님을 영화롭게 할 필요가 있었습니다."

마크는 이전의 식습관을 단칼에 버리기로 결단했다.

"아홉 달 동안 먹으며 살았던 탄산음료, 당분, 케이크, 사탕, 과자, 이 모두를 하룻밤 만에 끊었습니다."

그는 또 견과, 채소, 좋은 탄수화물 등 '몸에 좋은 음식'을 먹는 데 주력

했다. 정식 다이어트는 아니었지만, 섭취하는 음식의 종류를 더 민감하게 살폈다.

집에 어린 자녀가 있다 보니 케이크, 아이스크림, 과자를 피하기가 특히 어려웠다.

"그래도 주님께서 다니엘에게 하신 것처럼 내게도 힘을 주셨습니다. 하나님이 내 안에 그런 음식에 대한 반감을 심어 주셨습니다. 결국, 나는 그런 게 없어도 삶에 아무런 지장이 없다는 결론에 이르렀습니다."

처음에는 간혹 배고픈 순간들이 **있었다**. 그러나 결국 그의 몸이 다시 제자리를 찾은 듯했다. 한 달도 못 되어 식사량이 줄었고, 병적으로 비대해진 느낌도 사라졌다. 그러면서 불룩하던 뱃살도 점차 빠졌다.

2장에 말했던 캐런의 경우처럼, 마크도 살이 빠지기 시작하자 긍정적인 에너지가 솟구쳤다. "더 인정받는 기분이 들었고, 자존감이 높아졌고, 하나님과의 관계도 깊어졌습니다. 이전에도 하나님을 영화롭게 하지 않은 것은 아니었지만, 이제 내가 하나님이 계획하신 본연의 삶을 살고 있다는 기분이 들었습니다."

9개월쯤 지나자 마크의 체중은 거의 32킬로그램이 줄었다. 이제 아이들과 함께 간혹 케이크 한 조각이나 아이스크림 한 개쯤은 먹을 수도 있게 되었다. 하지만 마크는 전처럼 수시로 그런 음식을 실컷 먹어대던 상태로는 결코 돌아가지 않았다.

체중 문제도 사역이다

마크는 20대 후반과 30대에 서서히 살이 찌더니 결국 눈덩이처럼 불어나 통제 불능의 상태가 되었다. 이런 사례는 북미에서 날이 갈수록 더 흔해지고 있다. 마크는 중고등부 목사로서 체중 문제가 젊은이들의 장래에 걸림돌이 될 수 있음을 잘 알고 있다. 교회가 이 문제에 침묵할 때 특히 그렇다.

"젊은이들을 훈련해 지금처럼 먹다가는 오래 버틸 수 없음을 알려 주어야 합니다. 지금이야 신진대사가 빠르니까 괜찮겠지만, 더 나은 식생활을 배우지 못하면 나중에 신진대사가 느려질 때 그들도 나와 똑같은 싸움에 부딪치게 될 것입니다."

마크에 따르면, 그의 부모는 한 번도 그의 식생활에 문제를 제기한 적이 없었다. 그것은 다분히 그가 운동선수로서 늘 군살 없이 건강했기 때문이다. 뉘라서 그의 부모를 탓할 수 있으랴. 우리 대부분처럼 그들도 식습관과 체형의 **육적 결과**에 치중했지 **영적 도전**은 생각하지 못했다.

침묵을 지킨 것은 그의 부모만이 아니었다. 교회도 마찬가지였다. 마크의 체중이 136킬로그램이 되었을 때도, 그의 건강을 걱정하여 사랑으로 다가와 준 그리스도인이 한 명도 없었다. 하지만 마크는 "누구든 사랑으로 내게 다가와 주었다면 도움이 되었을 것입니다"라고 시인한다. "우리는 수용 지향적인 사회에 살고 있습니다. 사람들은 사랑으로 진실을 말하는 것보다 감정을 상하게 하는 것을 더 두려워합니다." 마크의 이 말은 캐런의 생각과 일맥상통한다. 사람들은 체중 문제로 그에게 도전하기보다 오히려 그를 **격려하려** 했다.

"마크, 좋아 보이는데."

"이봐, 내 체중이 무려 136킬로그램이야!"

"그래도 멀쩡하잖아."

마크는 입 밖에 내지 않았지만 이런 생각이 들었다. "그래? 어디 한 번 셔츠를 벗어볼까?"

체중 문제로 힘들어하는 형제를 격려하고 수용하려 한 그 사람들에게 하나님이 복을 주시기를 바란다. 그들의 배려에도 칭찬할 점이 많이 있다. 하지만 몸의 청지기직과 건강의 문제도 함께 제기해야 하지 않겠는가? 사람들을 해로운 생활 습성에서 벗어나게 해주어야 하지 않겠는가?

우리의 교회 문화에 대한 비판

복음주의 그리스도인들은 대중문화를 비하하기로 유명하다. 그렇다면

한 번쯤 **우리 자신의** 문화인 복음주의 교회 문화를 반성해 보는 것은 어떨까? 우리는 정죄와 율법주의라는 낡은 근본주의적*물론 모든 근본주의자에게 무조건 판단과 정죄와 율법주의라는 딱지를 붙이는 것은 공정하거나 정확하지 못하다. 교회 내의 다른 진영들과 우리 사회가 종종 그렇게 **지각하고** 있다는 것뿐이다. 방식들과는 대조적으로, 사랑하고 관용하고 수용하는 인상을 주려고 안간힘을 쓴다. 하지만 그러한 집착이 혹시 정도를 벗어난 것은 아닐까? 물론 은혜의 복음을 떠나야 한다는 말은 아니다. 다만 우리가 진리의 복음을 무시하고 있지 않은지 자문해 보자는 것이다.

말라기에 보면 하나님은 "그가 화평함과 정직함으로 나와 동행하며 **많은 사람을 돌이켜 죄악에서 떠나게 하였느니라**"말 2:6라는 이유로 레위를 칭찬하신다. 그런데 같은 장에서 하나님은 많은 이스라엘 사람들을 정죄하신다. 그들이 "모든 악을 행하는 자는 여호와의 눈에 좋게 보이며 그에게 기쁨이 된다"라는 말로 그분을 "괴롭게" 했기 때문이다말 2:17.

사람들에게 그들이 사랑받는 존재임을 알리는 것은 훌륭한 일이다. 하지만 사람들은 또한 회개하는 심령으로 하나님의 변화의 역사役事에 마음을 열고 살아야 한다. 우리는 혹시 전자에 치중하느라 후자의 진리를 무시하고 있는 것은 아닌가? 만일 우리가 잘못하고 있는 사람들에게 잘하고 있다고 말해 준다면, 말라기의 증언처럼 그것은 하나님을 괴롭게 하는 일이 아닌가?

물론 나는 율법주의로 돌아갈 마음이 없다. 율법주의는 지나치게 경건주의적이고, 행위 지향적이며, 수치심에 기반을 두고 있다. 그것을 원할 사람이 누가 있겠는가? 하지만 우리는 하나님의 대리자로서 사람들을 돌이켜 죄악에서 떠나게 하도록 **부름 받았다**. 우리 자신의 삶이 아무리 부족할지라도 우리는 하나님의 뜻을 증언해야 한다. 거룩한 삶이야말로 세상에서 가장 놀랍고, 의미 있고, 기쁨이 충만하고, 풍성한 삶이기 때문이다.

로마서 6장 23절에 보면 순종하는 삶과 불순종하는 삶이 대비되어 있다. 바울은 '죄의 삯은 사망'이라 했다. '삯'으로 번역된 헬라어 단어를 요즘 말로 가장 정확히 표현하면 '최저 임금'이 될 것이다. 쥐꼬리만 한 푼돈이다. 죄는 약간의 쾌락을 줄지 모르지만, 그 보수는 동네 식당에서 허드렛일 하는 사람이 받는 돈 정도밖에 되지 않는다. 반면 "하나님의 은사는 그리스도 예수 우리 주 안에 있는 영생"이다. 여기 '은사'라는 말은 '보너스'에 더 가깝다. 하나님은 월급을 두둑이 주실 뿐 아니라 보너스까지 주신다. 그분의 종들은 월가의 증권업자들처럼 이미 풍성한 연봉 외에 연말에 고액의 배당금까지 받는다.

상대가 불순종하며 살고 있음을 알면서도 행여 그의 기분을 해치거나 주제넘다는 인상을 주고 싶지 않아 그냥 둔다면, 이는 사실상 그를 '최저 임금'의 삶에 가두어 놓는 것이다. 그 삶은 겨우 입에 풀칠만 하는 수준이다. 하지만 그가 만일 자신을 "의에게 종으로 내주어 거룩함에 이르"게 된다면^{롬 6:19}, 그의 삶은 보너스를 지원받는 삶으로 격상된다. 하나님은 참으로 풍성한 삶을 주시는데, 상대를 간신히 목숨이나 부지하게 둔다면 그게 사랑인가?

그래서 나는 아내에게 만일 내가 죄에 빠져 회개하지 않거든, 다른 그리스도인 형제나 교회 지도자를 찾아가 도움을 청하라고 말해 두었다. 아내가 내 험담을 하거나 나를 조롱하거나 창피를 주는 것은 나도 싫다. 하지만 만일 아내가 성경적 정황에서 구속(救贖)을 목적으로 나의 반항에 사랑으로 대응한다면, 그것은 아내가 나에게 베푸는 은혜다. 죄의 기만에 내 눈이 멀도록 그냥 두지 않고, 계속 죄를 지적해 주기 때문이다.

나는 정말 미련한 결정, 심지어 도덕적으로 혐오스러운 결정을 내릴 수 있는 사람이다. 나 자신이 그것을 너무나 잘 알고 있다. **죄가 나를 갈수록 더** 미련하게 만든다는 것도 안다. 죄의 영향은 정말 눈덩이처럼 커질 수 있다. 사랑과 관심으로 끈질기게 나를 미련함에서 벗어나게 해 줄 형제자매들이 필요하다. 하나님이 내 주변에 그런 사람들을 허락하시기를 기도한다. 그래야 내가 반항으로 인생을 망치지 않을 수 있다. 나는 얼마든지 그럴 수 있는 사람이기 때문이다.

우리는 다른 사람들을 돌이켜 죄악에서 떠나게 하기를 꺼린다. 이는 다분히 사랑보다는 오히려 교만 때문일 수 있다. 우리는 사람들이 하나님 앞에 바로 서기보다 우리에게 수용 받는다고 느끼기를 더 원한다. 그런 면에서 우리는 악하며, 하나님 중심이 아니라 사람 중심이다. 하나님의 자리에 내가 올라서는 것이다. 마치 상대가 하나님 앞에 바로 서는 것보다 **나와 상대**가 잘 지내는 것이 더 중요하다는 듯이 말이다. 물론 우리는 모든 사람을 사랑하도록 부름 받았다. 하지만 하나님께 반항하고 있는 사람에게 편안한 느낌, 안전한 느낌, 하나님이 묵인하신다는 느낌이 들게 하는 것은 사랑이 아니다.

예수님은 간음하다 잡힌 여인과 부자 청년을 사랑하셨지만, 둘 모두에게 죄악의 삶을 떠나라고 명하셨다. 여자는 그것이 간음이었고, 남자는 물질만능주의였다. 우리가 사랑의 정의定義를 뜯어고쳐 사람들에게 하나님의 수용만 말하고 회개를 촉구하지 않는다면, 자칫 예수님 자신을 정죄할 위험이 있다. 마치 그분의 방법에 뭔가 결함이 있다는 듯이 말이다.

주인의 쓰심에 더욱 합당하게

32킬로그램을 감량한 뒤로 마크의 삶에 나타난 가장 큰 변화가 무엇이냐고 물으면, 그는 내게 대뜸 '평안'이라고 답한다. 지금까지 말했듯이, 신체적 변화는 그에게도 중대한 영적 유익을 가져다주었다.

마크는 또 몸 관리가 우리의 표현대로 자신을 더욱 "주인의 쓰심에 합당하며 모든 선한 일에 준비함이 되게" 해 주었다고 믿는다. 그의 말을 들어 보자. "솔직히 말해서 전에는 외모 때문에 내 말에 신빙성이 없을 때가 있었습니다. 중고등부 아이들에게 다른 부분의 절제에 대해서 말하면, 그들은 나를 보며 왜 **나의** 식생활 문제부터 해결하지 않느냐고 당연히 묻곤 했습니다. 그런데 이제는 내 이야기를 들려주면 아이들이 갑절로 더 감동합니다. 나도 할 수 있다면 누구나 할 수 있습니다. 체중을 감량한 일이 내 사역에 효과적인 도구가 되었습니다."

✽ 함께 먹을 뿐 아니라 함께 운동하기

이제 마크는 그리스도인들이 모이는 곳마다 으레 음식이 있다는 사실에 전보다 더 민감해졌다. 나이 든 세대의 그리스도인들은 음식을 한 가지씩 가져다 교회에서 정답게 나누어 먹기로 유명하다. 주일학교 공과 시간에도 늘 간식이 빠지지 않는 것 같다. 젊은 세대의 그리스도인들은 커피숍에서 만나, 열량이 높은 음료로 대화의 정취를 돋운다. 소그룹 모임에도 으레 누군가 음식을 가져오는 것으로 되어 있다.

즐거운 식사 시간이 부적절하다는 말이 결코 아니다. 그런 잔치도 분명히 성경적인 것이다. 하지만 우리가 건강을 중시하며 몸으로 하나님을 영화롭게 하기 원한다면, 함께 먹을 뿐 아니라 함께 운동하는 법도 배울 수 있다.

나는 중서부 지방의 열정적인 교인들과 대화한 적이 있다. 그들은 운동모임을 만들어 매주 운영하고 있다. 토요일 오전마다 모여 기도한 뒤 다양한 거리를 걷거나 달린다. 참석자들이 아주 많아서 사실상 누구나 속할 그룹이 있다. 장거리를 달리는 사람들을 위해 자원봉사자들이 곳곳마다 부스를 설치하고 음료수나 구급약을 제공하기도 한다.

이 방법은 정말 기발한 데가 있다. 운동을 구심점으로 하여 친목을 다져 줄 뿐 아니라, 비그리스도인들에게 종교를 떠나 그리스도인들을 사귀고 도움을 받을 놀라운 기회를 제공하기 때문이다. 당신이 몇 달 동안 그룹에 속해 걷거나 달렸다고 하자. 그러던 차에 그룹 내의 누군가가 당신에게 이렇게 말한다면 그것은 훨씬 더 자연스러운 초청이 된다. "부활절에 뭐하실 겁니까? 내일 아침에는 우리와 함께 **실내에서** 만나 보면 어떨까요?"

교회들은 자전거 타기, 유모차를 밀면서 걷거나 달리는 엄마들, 성인 축구 리그, 배구팀 등 무엇이든 결성할 수 있다. 교회에 체조 강습반을 개설하여 여자 참석자들을 건물 안으로 들어오게 한다면, 외부인들을 막는 가장 큰 장애물 중 하나인 낯선 곳에 들어서는 두려움을 이미 제거해 준 셈이다.

부디 내 말을 오해하지는 말라. 맛있는 식사를 차려내는 것은 다른 사람을 섬기고 사랑하는 놀라운 방법이다. 친교의 식사와 맛좋은 간식은 전혀 잘못된 게 아니다. 그러나 건강에 해로운 생활 습성에 빠진 사람을 그냥 방조하는 것은 **잘못된** 일이다. 잘 아는 부부의 결혼기념일에 내가 비싼 포도주 한 병을 선물한다면, 그것은 후한 인심이다. 하지만 회복 중인 알코올 중독자에게 일부러 포도주 한 병을 준다면, 그것은 지독히 심보가 고약한 행위다.

이제부터 우리는 상대방의 **정서적** 건강에만 아니라 **신체적** 건강에도 관심을 보이자. 그리하여 우리의 교회들에, 사랑에 기초한 대화의 기회를 창출하는 것이다. 우리는 상대가 나를 사랑과 수용과 관용의 사람으로 보는가에 신경 쓰는 경향이 있다. 그보다 상대가 하나님과 바른 관계 가운데 행하는 데 더 관심을 쏟도록 하자.

교회들이 몸 관리의 기회를 창출하려면 약간의 창의력이 필요하다. 하지만 일단 그렇게 하면, 교인들이 건강해져 마크처럼 주인의 쓰심에 더욱 합당하며 모든 선한 일에 더욱 준비함이 될 것이다.

한 번 더 생각해 보기

1. 2장의 캐런과 이번 장의 마크가 증언했듯이, 몸이 건강해지자 그들은 자신감이 높아졌을 뿐 아니라 실제로 하나님과의 관계도 더 좋아졌다. 왜 그럴 수 있다고 생각하는가?

2. 중고등부 목사로서 마크가 아이들에게 관심을 두는 것은 당연한 일이다. 식습관이 건강하지 못한데도 아직 나이가 어려서 또는 스포츠를 하고 있어서 살이 찌지 않는 아이들의 경우라면 특히 더하다. 교회 중고등부는 신앙을 가르치는 것 외에 적절한 몸 관리에 대해서도 다루어야 하는가? 그 일을 어떻게 할 수 있다고 보는가?

3. 마크의 비만을 걱정하며 다가와 준 그리스도인이 한 명도 없었다는 사실에 당신은 놀랐는가? 당신이 아는 사람이 술 문제로 고민하고 있다면 당신은 다가가 말하겠는가? 만일 그 사람이 음식으로 분명히 자신을 해치고 있다면, 그때도 당신은 비슷한 대화를 하겠는가? 왜 사람들이 흔히들 술 문제에는 개입하면서 음식 문제에는 개입하지 않는다고 보는가? 이 두 가지 싸움의 차이는 무엇인가? 교회는 이 두 문제를 각각 다르게 취급해야 하는가? 만일 그렇다면, 어떻게 달라야 하는가?

4. 사랑이 풍부한 교회는 어떤 교회일지 생각해 보라. 그런 교회는 인정(認定)과 도전 사이에 어떻게 균형을 이루겠는가? 어떻게 무조건적인 수용을 전하면서도 사람들을 돌이켜 죄악과 해로운 습성에서 떠나게 하겠는가?

5. 당신은 사람들과 주님의 관계보다 그들이 나를 어떻게 생각하는가에 더 관심을 쏟는 경향이 있는가? 그것이 교만의 표출이라는 생각을 해 본 적이 있는가? 교만은 또 어떤 식으로 우리를 막아, 사랑으로 진리를 말하지 못하게 하는가?

12. 더 **튼튼**한 몸이 필요한 시대

크리스틴 암스트롱은 성인 초기에 본인의 표현으로 신앙의 '방황'을 겪었다. "몹시 부끄러운 고백이지만 한때 내 삶에는 하나님이 들어설 자리가 없었습니다. 나는 자아, 바쁜 삶, 물질, 텅 빈 거품으로 가득 차 있었습니다."[1]

유명한 사람투르 드 프랑스 사이클 경주에서 일곱 번 우승한 랜스 암스트롱과 결혼했다가 나중에 똑같이 유명한 이혼을 치르면서 그녀의 신앙이 되살아났다.

"세상에 내 힘으로 못할 일이 없다고 생각했는데 모든 것이 무너지기 시작했어요. 그럴수록 나는 더 열심히 하려 했고, 계속 더 열심히 밀어붙쳤습니다. 하지만 결국 내 힘으로 할 수 없음을 깨달았죠. 텅 빈 껍데기만 남았습니다. … 참담하고 초라한 심정이었습니다. 땅이 밑으로 푹 꺼지는 것 같았죠."

세 어린 자녀의 어머니가 어떻게 아이들에게 가정이 곧 깨질 거라는 말을 할 것인가? 한때 가장 친한 친구이면서도 때로 오히려 적처럼 느껴졌던 ^{지금은 아니지만} 남자를 앞으로 어떻게 대할 것인가? 평생을 함께하고 싶었던 남자와 어떻게 이제부터 재산 분할을 조정할 것인가?

크리스틴은 그 외에 하나가 더 있었다. 식품점에 갈 때마다 계산대 주변의 온갖 타블로이드 잡지에 그녀의 이름과 얼굴이 도배되어 있다시피 했다. 그 고통을 어떻게 잊을 것인가?

이혼의 고통과 좌절과 어둠은 세상에 결혼이 존재한 이래로 무수한 남녀의 가슴을 찢어 놓았다. 하지만 이 특정한 결혼의 파경은 새로운 영혼과 새로운 가정을 탄생시켰고, 신앙을 회복시켜 주었다. 하나님은 육적, 영적 훈련을 통하여 크리스틴을 다시 새롭게 빚으셨다.

무너지는 삶

2003년 8월, 유럽에서 돌아올 때 크리스틴은 이미 날씬했다. 그런데 결혼이 파경으로 치달으면서 걱정스러울 정도로 뼈만 앙상해졌다. 두 친한 친구인 페이지와 KT는 크리스틴이 별로 먹지도 않고 잠은 더더욱 적게 자고 있음을 알아차렸다. 그녀는 불안에 시달리는 것 같았고, 평소답지 않게 덤벙거렸고, 약간 산만하기까지 했다.

"평소에 나는 꽤 예리하고 침착한 편입니다."

지금 그녀를 본다면 아무도 그 고백에 이의를 제기할 사람이 없을 것이다. 하지만 이혼의 타격은 만만하지 않았다. 사랑이 끝나는 고통만으로도 이미 사람이 무력해질 수 있다. 거기에 부모로서의 죄책감, 남들의 판단과 정죄를 감당해야 하는 부담, 끝없는 자질구레한 실무^{변호사, 양육권 논쟁, 재산 분할 등}까지 더해지면, 결국 이혼하고 상처를 입지 않을 사람은 아무도 없다.

그런데 나와 마주앉은 크리스틴은 건강미가 넘치는 사람이 운동하러 가는 길인 것처럼 보였다^{알고 보니 정말 그랬다}. 하지만 시련의 해인 2003년에는 자신이 '초췌해' 보였다고 한다.

"그때 나는 겁에 질린 여자였어요. 약하고 소심하고 낙심에 차 있었어요. 샤워하다가도 울고, 교회에서도 울고, 혼자 운전할 때도 늘 울었어요."

하루는 크리스틴이 부엌에 서서 아들의 교실에 가져갈 컵케이크에 설탕을 바르고 있었다. "어떻게든 평소처럼 지내려고 안간힘을 썼어요. 삶의 일과도 매끄럽게 이어가려 했죠. 그런데 갑자기 모든 것이 너무 버겁게 느껴졌어요. 설탕 범벅이 된 주걱을 손에 든 채로 그냥 주저앉아 울었어요. 몸이 떨리고 마음이 무너져 내렸어요."

마침 페이지가 집에 들어섰다. 하나님이 정하신 타이밍이었다. 페이지는 말 그대로 크리스틴을 바닥에서 들어 올려, 컵케이크 만드는 일을 마저 끝내도록 도와주었다.

페이지와 KT는 친구 사이에만 가능한 냉정하면서도 다정한 말로 결국 크리스틴에게 이렇게 말했다.

"세 아이를 돌보아야 할 네가 이대로 무너질 수는 없어. 너는 지금 도움이 필요해. 우선 몸부터 건강해져야겠다."

그들이 제시한 도움은 커피를 마시거나 파이를 먹으면서 건네는 위로의 한담 정도가 아니었다. 크리스틴에게 필요한 것은 간단한 성경 구절이나 즉석의 기도가 아니었다. 그런 '영적 비타민' 보다는 영혼 자체가 더 강건해져야 했던 것이다.

그래서 페이지와 KT는 크리스틴에게 댈러스 화이트 록 마라톤을 함께 달리자며 훈련을 권했다. 단거리의 조깅이라면 크리스틴도 해 본 적이 있었다. 주로 출산 후에 뱃살을 빼기 위해서였다. 하지만 마라톤을 완주한다는 것은 생각조차 해 보지 못한 일이었다. 게다가 이것은 잔인한 발상일 수도 있지 않은가? 그러잖아도 크리스틴은 잠을 못 자고 있었고, 빠져서는 안 될 살이 빠지고 있었고, 졸지에 편모의 고달픈 세상에 내던져졌고, 이혼이 만천하에 알려졌고, 부부가 함께하던 일을 혼자 하느라 그만큼 일이 늘었다. 그렇게 지친 여자에게 **마라톤을 달리는 일**까지 얹어 주다니, 그게 친구가 할 일인가?

크리스틴은 이렇게 말했다.

"그들은 내게 자신감이 필요함을 알았죠. 그래서 신체적 차원에서 내가 고통을 견뎌낼 수 있음을 알려 주려 했어요. 정서적, 영적 차원에서도 내 앞에 부닥친 일에 능히 맞설 수 있도록 말이죠."

크리스틴의 친구들은 우리가 지금까지 살펴본 진리를 적용했던 것이다. 그것은 바로 몸이 건강해지면 영적, 관계적 도전에 맞서는 데도 도움이 될 수 있다는 진리다. 물론 그런다고 도전 자체가 없어지는 것은 아니다. 하지만 덕분에 우리는 더 튼튼한 몸으로 도전에 맞설 수 있다.

새로운 훈련 요법의 치료 효과는 금세 나타났다.

"달리기는 모든 면에서 치유의 촉매제가 되었어요."

우선 잘 먹고 잘 자니 몸에 기운이 살아났다. 또한, 장거리를 달리는 동안 셋이 함께 땀 흘리고 고생하며 대화하다 보니 정서적 유대감도 깊어졌다. 크리스틴은 체력과 자신감이 되살아나는 것을 느꼈다. 한번은 이혼 과정에서 유난히 냉혹한 중재 시간이 있었다. 그 시간을 앞두고 크리스틴은 오전에 32킬로미터를 달렸다. 엔도르핀과 '좋은' 피로감 덕분에 그녀의 마음이 차분해졌다. 자칫 살벌한 대면이 될 뻔했으나 크리스틴은 침착하게 임했고, 속으로 자신을 이렇게 타일렀다.

"나는 방금 32킬로미터를 뛰었어. **이 일도 해낼 수 있어.**"

크리스틴이 댈러스 화이트 록 마라톤을 완주하고 나서 나흘 후에 이혼

과정이 종결되었다. 삶의 한 부분^{결혼}은 죽었지만 다른 부분이 다시 태어났다. 영과 육이 맞물린 현실 속에서 크리스틴은 말 그대로 새로운 사람, 새로운 엄마, 새로운 친구, 새로운 그리스도인이 되었다. 달리기를 통해 더 강건하고 성숙한 영혼이 된 것이다.

인내는 경험을 통해 빚어진다

크리스틴이 신앙인으로서 특히 사모하는 두 가지 성품이 있다. 첫째는 인내다.

"인내는 경험을 통해 빚어집니다. 반복해서 노력하다 보면, 완성에 이르는 데 필요한 자질이 생기죠. 인내는 고통을 견뎌낼 수 있다는 자신감입니다."

삶은 고달프다. 그럴수록 우리는 더 억세져야 한다. 고통을 견뎌낼 수 있음을 배울 길이 하나 있다면 바로 마라톤 훈련이다.

"처음에는 달리고 나면 온몸이 쑤셨어요. 다리와 허파를 비롯해 몸의 모든 부위에 맥이 빠졌죠. 하지만 더 오랜 기간을 견뎌낼 수 있음을 차차 알게 되었어요. 또한, 그것은 삶의 모든 부분으로 퍼져 나가죠. 나의 훈련은 그저 무슨 경주나 행사를 위한 것이 아니에요. 나에게 이것은 삶의 지속적인 일부이고, 내가 어떤 사람이 되어 가느냐의 문제이죠."

건강해진다는 것은 혹시 실직하거나 배우자가 떠나거나 유방에 혹이 발견되더라도 우리가 강하다는 뜻이다. 필요한 인내심을 갖추고 있다는 뜻이다. 어차피 삶이란 정말 고달파지게 마련이다. 그러니 강해져야 하고 인내심을 길러야 한다. 건강해진다는 것은 바지를 입었을 때 내 몸매가 어떻게 보이느냐의 문제가 **아니다**. 오히려 나의 진정한 관심은 영적 인내심을 갖추고 강해지는 데 있다.

크리스틴이 믿기로, 인내할 줄 아는 그리스도인은 일상의 도전 앞에서 쉽게 무너지지 않는다. 한꺼번에 여남은 가지의 문제에 부딪치고서도 놀라운 평정을 보여 주는 여자가 있는가 하면, 최고의 건강과 모든 호강과 두둑한 은행 잔고를 다 갖추고서도 두려움이나 불안이나 비교적 사소한 도전 앞에서 벌벌 떠는 남자가 있을 수 있다. 출발점은 영적 훈련이지만 거기에 육적 훈련이 병행되면 효과가 극대화된다.

인내하는 삶은 세월 속에서 빚어지는 견고한 삶이며, 몸의 훈련이 그것을 더욱 강화시켜 준다. "달리기를 하면 몸과 사고와 정신이 단련되며, 각 부분의 건강 수준도 그만큼 향상된다."

편모는 인내심의 필요성을 잘 안다. 혼자서 세 자녀를 기르기란 쉬운 일이 아니다. 양육권이 내게 있는 한 모든 일이 내 어깨에 달려 있다. 피곤하다고 하루 쉴 수도 없고, 짐이 가벼워지는 것도 아니다. 날이면 날마다 끝이 없다.

인내심 외에 크리스틴이 성숙을 묘사하는 두 번째 단어는 **강인함**이다. "나는 약골이 아니라 강인한 그리스도인이 되고 싶어요."

강인한 그리스도인이란 무슨 뜻인가? "강인한 그리스도인은 몸이 적당히 마르고, 힘이 세고, 단련된 사람이다. 군살이 많고, 힘이 없고, 기분 내키는 대로 하는 사람이 아니다.

어느 교회에나 들어가 보라. 십자가 상의 예수님을 보면 그분은 강인하신 분이다. 결코, 약골이 아니시다. 그분의 몸이 아니라 성품이 그렇다는 말이다. 그분은 초점이 분명하셨고 집중력이 있으셨다. 그것은 평소에 처신하는 방식, 남을 대하는 방식과 관련이 있다. 어떤 사람들은 영양가 없는 해로운 음식을 많이 먹고, 전체적으로 군살이 많다. 나는 적당히 마르고 싶다. 그러려면 해로운 음식을 삼가야 한다. 내 생각에 강인한 사람은 적당히 말라 균형이 잡힌 사람이다."

크리스틴은 많은 그리스도인이 영적, 육적으로 군살이 많다고 지적한다. 삶에 안일하고 게으르다는 뜻이다.

"우리 그리스도인들은 계속 성숙하게 자라가야 합니다. 신앙이 정체되거나 미지근해져서는 안 됩니다. '이 정도면 됐다'는 말은 흔히 '최선의 상태'와는 거리가 멀죠. 하나님은 우리를 안일에서 불러내십니다. 그분은 우리가 기민하게 준비되어 있기 원하시며, 우리를 더 깊이 자족으로 이끌기 원하십니다. 그래서 우리에게 그분이 뜻하신 사람이 되도록 도전하십니다."

🦋 신앙에 기초한 운동을 하라

무리하게 운동에 중독되었다고 고백하는 사람도 있고, 주로 몸을 위해 살고 영적인 면은 생각하지 않는 사람도 있다. 그렇다면 운동을 대하는 크리스틴의 태도는 그런 사람들과 어떻게 다른가?

어느 기자가 크리스틴의 친구인 페이지에게 크리스틴과 관련하여 그 질문을 한 적이 있다. 크리스틴이 운동을 도피 수단으로 이용하고 있는 것은 아닌가?

페이지는 이렇게 대답했다.

"크리스틴은 무언가에서 **벗어나려고** 달리는 게 아니라 무언가를 **향하여** 달리는 것입니다."

페이지의 말뜻을 크리스틴은 이렇게 설명했다.

"무언가에서 벗어나려고 달리는 사람들이 있죠. 달리기를 문제를 회피하는 수단으로 이용하는 것인데, 이는 잘못된 것입니다. 그것은 신앙에 기초한 운동이 아니라 두려움에 기초한 운동입니다."

크리스틴의 씨름은 어떤 점에서 신앙에 기초한 것일까? 그녀는 우리의 몸이 그냥 살과 피와 물과 기관이 아니라 성령의 처소임을 지적한다. "그런즉 너희 몸으로 하나님께 영광을 돌리라"고전 6:20.

그녀의 지적은 이렇게 이어진다. "요즘 주변에서 정서적, 영적 부흥을 아주 많이 볼 수 있습니다. 그 와중에서 우리의 몸을 소홀히 해서는 안 됩니다. 존재의 다른 부분들이 발전을 이루는 만큼 신체적 자아도 거기에 보조를 맞추어야 합니다. 그러려면 자신을 거룩한 처소이자 성소로 여겨야 하죠."

그렇다고 해서 모든 사람이 마라톤을 하지는 않을 것이다.^{모든 사람은 커녕 대부분도 아닐 것이다}. 하지만 원리는 같다. "누구나 자기를 점검하여 주의와 개선이 필요한 부분을 찾아낼 수 있다. 몸에 양분과 수분을 더 잘 공급해야 할 수도 있고, 충분한 휴식을 취해야 할 수도 있다. 몸 상태를 개선해야 할 수도 있고, 자신이 탐닉하고 있는 부분들에 주의를 기울여야 할 수도 있다. 또한, 경건한 선택들을 통하여 성性이라는 선물로 주님을 영화롭게 할 수도 있다. 성령께서 거하시기에 더 좋은 곳이 되도록 날마다 자신을 개선할 수 있는 방식은 얼마든지 많이 있다."

신앙에 기초한 달리기가 정착되려면 시간이 걸린다. 5킬로미터를 달리던 사람이 일주일이나 한 달 만에 마라톤을 완주할 수는 없다. 근력과 체력을 길러야 한다. 신앙도 마찬가지다. 영적 성숙에 속성반이란 없으며, 성도는 전자레인지에서 바로 익지 않는다. 뭉근한 불로 지글지글 끓이며 천천히 요리해야 하나님의 사람이 만들어진다. 크리스틴은 고생을 위한 고생을 부르짖는 게 아니다. 고생을 견뎌낼 때 거기서 비롯되는 결과를 귀히 여길 뿐이다.

"선한 구속救贖이라는 결과가 없다면 고생은 무의미합니다. 우리는 성적표에 점수나 얻고자 시험을 받는 게 아닙니다. 다른 사람들에게 격려와 축복의 통로가 되려고 연마되는 것입니다."

우리는 "주인의 쓰심에 합당하며 모든 선한 일에 준비함이 되"고자 연단을 받는다.

하나님이 본래 주시려던 삶을 회복하라

그렇다면 그 방법은 통했는가? 육적 건강과 영적 건강이 결합한 결과, 크리스틴은 하나님이 본래 주시려던 삶을 살게 되었는가? 이혼하게 되었을 때 크리스틴은 처음에는 '불탄 집의 여자처럼 잿더미가 된 보물을 더듬는' 심정이었다고 한다. 하지만 몸을 단련한 덕분에 그 상황을 진득이 견뎌낼 수 있었고, '본격적인 개축이 이루어지려면 때로 잿더미를 거쳐야 함'을 깨달았다.

하나님은 크리스틴의 삶을 점차 회복시켜 주셨다. 그녀는 더 강인하고 경건해졌으며, 창조주를 더 깊이 사랑하게 되었다. 그러자 주변에서 이런 말들이 들려왔다.

"뭔가 달라지셨어요. 머리를 새로 하셨나요?"

"아뇨."

"그럼 살을 빼셨나요?"

"아뇨." 근육이긴 하지만 사실은 약간 체중이 늘었다.

"무슨 큰일이라도 끝내셨나요?"

"그럴 리가요!"

"흠. **분명히** 달라지시긴 했는데 딱히 뭔지를 모르겠네요."

크리스틴의 증언은 이렇다.

"성령께서 내주하시며 나를 통해 빛을 발하기 시작하시면, 그보다 더 깊거나 신비로운 변화는 없습니다. 나는 전보다 더 부드럽고 다정다감해졌지만, 동시에 이보다 더 강하고 확신에 차고 당당했던 적도 없습니다. 하나님이 하와를 지으실 때 뜻하셨던 여성상이 있는데, 나도 그렇게 모든 면이 융합된 모습으로 변해 가는 것입니다."

크리스틴은 여자들이 이혼의 상처를 극복하도록 돕기 위해 *Happily Ever After*^{행복한 여생}라는 책을 썼다. 여기에 그 책의 한 대목을 인용하고자 한다.

내일이 내 인생의 마지막 날이라면 나는 아침에 일찍 일어날 것이다. 아이들이 깨기 전에 커피를 끓여 놓고 기도 시간을 가질 것이다. 목숨이 허락된 동안 하나님을 찬양할 것이다. 시끄럽고 어수선한 부엌에서 팬케이크를 만들어 아이들을 끌어안고 아침을 먹일 것이다. 도시락을 싸고, 머리를 빗기고, 신발을 찾고, 양치질을 시키고, 책가방을 내줄 것이다. 학교에 데려다 줄 때 아마 잠옷 차림으로 운전할 것이다. 차 안에서 아이들에게 축복 기도를 해 주고 하나씩 입을 맞출 것이다. 다 끝나면 나가서 달리기를 할 것이다. 허파와 다리에 불이 나는 느낌을 맛볼 것이고, 호숫가의 나무들 사이로 비쳐드는 햇살을 바라볼 것이다. 동성 친구를 만나 커피를 마실 것이다. 부모형제에게 전화하여 "안녕하세요? 사랑합니다"라고 말할 것이다. 요컨대 내 인생의 마지막 날에도 나는 날마다 하는 일들을 똑같이 할 것이다. 지금 살고 있는 삶을 살 것이다. 선택해야 한다면 현재 내게 있는 것을 선택할 것이다.[2]

당신은 지금 관계의 실패, 직업의 도전, 건강의 위기 등 영혼을 뒤흔들어 놓는 삶의 변화에 부딪쳐 있는가? 몸 관리를 더 잘하면 도피 수단이 아니라 준비의 방편으로 더 튼튼한 몸으로 당면한 싸움에 맞설 수 있다. 그런 생각을 해 본 적이 있는가?

한 번 더 생각해 보기

1. 친구들은 크리스틴의 몸이 건강해지면 영혼도 더 강해져, 이혼과 혼자 자녀를 기르는 일의 정서적 도전에 능히 맞설 수 있다고 생각했다. 크리스틴도 그 생각이 옳음을 결국 깨달았다. 당신도 그 생각에 동의하는가? 만일 그렇다면 몸의 건강이 어떻게 영혼에 영향을 미친다고 보는가?

2. 인내심의 중요성에 대해 설교를 듣거나 책을 읽어 본 적이 있는가? 만일 없다면 왜 우리가 인내심에 대해 더 많이 말하지 않는다고 보는가? 만일 있다면 충성된 삶에서 인내심이 하는 역할에 대해 무엇을 배웠는가?

3. '강인한' 기독교에 대한 말을 크리스틴 외에 다른 사람에게서 들은 적이 있는가? 크리스틴의 설명에서 당신이 배운 것은 무엇인가?

4. 무언가에서 벗어나려고 달리는 운동과 무언가를 향하여 달리는 운동은 어떻게 다른가? 참으로 '신앙에 기초한 운동'의 특징은 무엇인가?

13. **건강한 몸**을 만드는 실제적인 방법

지금까지 우리는 신체적으로 건강한 삶의 배후에 깔려 있는 영적 원리를 살펴보았다. 그 원리에 따라 우리는 내적으로 더 억세져야 하고, 방종과 게으름을 거부해야 한다. 그렇다면 이제부터는 이 모든 내용을 적용하는 방법과 관련하여 몇 가지 실제적인 조언을 제시하고자 한다.

❆ 건강한 몸이란 무엇인가?

나는 이 분야의 전문가 행세를 할 마음은 없다. 그러나 폭넓게 자료를 읽어 본 결과, 케네스 쿠퍼 박사의 책 *Faith-Based Fitness*^{신앙에 기초한 건강}에 몸의 전반적 건강에 관한 대다수의 연구 결과가 가장 정확히 요약되어 있다고 본다.

- 꾸준히 적당한 지구력 운동을 하는 것이 중요하다.
- 나이와 관계없이 근력과 유연성을 단련하는 것이 중요하다. 중년 이상은 특히 더하다.
- 저지방 고섬유질 음식을 많이 섭취하는 것이 중요하다.[1]

내 경우, 건강한 몸을 유지하려면 음식의 **양**도 살펴야 한다. 나는 덜 먹으면 영적, 육적으로 그냥 상태가 더 좋다. 가끔 약간 출출한 상태로 잠자리에 들면 여러모로 내 영혼에 유익하다. 어쩌면 몸에도 유익할지 모른다. 또한, 과식 후의 일시적 포만감보다 몸이 가뿐한 느낌이 훨씬 가치가 있다.

건강한 몸은 나이가 들수록 더 중요해진다. 쿠퍼 박사는 여자들을 상대로 그것을 이렇게 표현했다. "50세 이하의 여자들은 심장혈관계 질환의 예방이 하나님의 소관이지만 50세 이상의 여자들은 **본인**의 소관이다."[2] 이 말의 의미는 다음과 같다. 폐경기 전에는 여자의 몸이 초기 심장혈관계 질환의 많은 원인과 저절로 맞서 싸우지만, 폐경기가 지나 에스트로겐 수치가 급감하면 "식생활, 운동, 기타 예방 대책을 주의 깊게 살펴야 한다. 그래야 심장 질환을 비롯하여 건강의 위험 요소들을 피할 수 있다."[3]

신체 활동을 늘리는 방법은 워낙 많아서 결국 싸움의 99퍼센트는 본인 동기의 문제다. 많은 사람이 시간이 없다고 말할지 모르지만, 그렇다면 베스트셀러 「그 여자가 간절히 바라는 사랑 그 남자가 진심으로 원하는 존경」 사랑플러스의 저자인 에머슨 에거리치의 예는 어떻게 되는가? 그는 러닝머신 위에 아예 책상을 붙여 버렸다 내가 지어내는 이야기가 아니다. 일하면서 동시에 걷는 것인데, 이런 식으로 에거리치 박사는 작업 일정을 단 1분도 축내지 않고 하루에 20킬로미터 정도를 걷는다. 건강을 유지하려면 심장 혈관계에 일정량의 운동이 필요하다. 그래서 그는 이렇게 걸어도 정말 그런 효과가 있는지 운동 생리학자에게 물어보았다. 그 전문가는 그렇다고 확인해 주었다.

아기가 있는 사람은 유모차를 밀며 걸으면 된다. 웬만한 규모의 도시에는 축구팀, 배구 리그, 재미로 하는 농구 시합 등이 있으므로, 단체 스포츠를 좋아하는 사람은 가서 끼기만 하면 된다. 아마 추어 운동이 이보다 더 쉽고, 보편화되고, 여러모로 즐거웠던 세대는 일찍이 없었다.

🦋 우선 나쁜 습성을 깨라

앞서 읽은 대로 세 자녀를 둔 캐런 예이츠는 자신의 아기들이 무엇에든 버릇이 들 수 있음을 깨달았다.

"한밤중에 아기들에게 먹을 것을 주어 보세요. 다음날 밤에도 똑같이 원할 것입니다. 사흘째까지 그렇게 하면 다시 돌이키기 어렵죠. 이미 버릇이 든 것입니다."

우리 성인들도 마찬가지다. 내가 유혹에 못 이겨 자꾸 과식한다고 하자. 그 습성을 고쳐 이전으로 돌아가려면 몸에 허기가 느껴져도 그냥 두어야 한다. 음식의 양을 줄여야 한다. 그러면 처음에는 배가 악을 쓰며 저항할 것이다. 하지만 그 소리를 듣지 않고 과식의 습성을 깨면, 결국은 배가 나를 그냥 내버려둔다.

앞서 말했듯이 나는 밤에 단기 금식을 하는 습관이 있다. 앞으로 살이 더 빠지고 나면 가끔 특정한 주말에, 특히 금요일 밤과 토요일 밤에 금식을 깨 볼 생각이다. 하지만 주의할 점이 있다. 일요일 밤에까지 금식을 깬다면 분명히 월요일에 싸움이 벌어질 것이다. 사흘 밤을 연달아 먹었으니 내 몸이 "오늘은 왜 밤참이 없지?"라고 생각할 것이다.

대체로 체중이 느는 원인은 습관성 과식이다. 그 부주의한 습성 때문에 우리의 식단에 꾸준히 필요 이상의 열량이 더해지는 것이다. 따라서 우리는 그 습성과 싸워야 한다. 점심때마다 탄산음료를 마시던 사람이 탄산음료 대신 물을 마시려면 힘들게 느껴질 것이다. 하지만 석 주만 지나면 굳이 생각할 필요도 없어진다. 처음에 습성을 깨기가 가장 어려운 법이다. 당신도 나처럼 휴가 중에 도로 옛날 습성으로 돌아간다면, 처음부터 다시 시작해야 한다. **어떤 습성이든 습성을 깨려면 불편하게 느껴진다.** 그래서 우리 대부분은 공복통과의 관계, 매일의 운동과의 관계를 새롭게 가꿀 필요가 있다.

❈ 그룹에 속하거나 누군가와 함께 하라

내가 대화해 본 많은 여자들은 왠지 대부분의 남자보다 운동의 관계적 요소를 더 강조했다. 크리스틴 암스트롱은 마라톤 훈련의 가장 좋은 점 중 하나가 친구들을 꾸준히 다시 보는 것이라 했다. 캐런 예이츠도 체육관에 가서 배구 하는 시간이 고맙게 느껴졌다. 그 시간만큼은 화제가 자녀 문제가 아니었다.

운동을 혼자 하면 자꾸 빼먹기가 더 쉽다. 하지만 이미 누군가와 만나기로 되어 있으면 약속을 지킬 가능성이 크다. 특히 여자들은 운동 파트너를 찾기 바란다. 규칙적인 운동에 관계적 요소를 더하는 것이다. 더 친해지고 싶은 친구에게 이 책을 한 권 주면서 이렇게 말해 보라.

"우리도 열심히 운동하자. 언제부터 시작할까?"

친구와 함께 운동하면 한결 힘든 줄 모르게 되고, 훈련도 더 잘되고, 전체 시간이 더 즐거워진다. 더 즐거운 일일수록 더 오래 하는 법이다.

나이가 들수록 운동을 지속하라

건강을 얻거나 지켜야 한다는 이 가르침은 20대, 30대, 40대의 교인들을 주로 섬기는 대형 교회에만 해당하는 것이 아니다. 50대, 60대, 그 이상의 교인들이 있는 교회일수록 이것은 더 중요해진다.

영국 리버풀의 제레미 모리스 교수는 신체 활동과 관련된 유행병학 및 보건 분야를 창시한 과학자로 알려져 있다. 다음은 그가 94세 때에 한 말이다.

수많은 신체 기능이 운동을 통해 향상된다. 중요한 것은 노년에까지 운동을 지속하는 것이다. 요즘 나의 주된 관심사는 노년의 신체 활동이다. 노년의 신체 활동은 범위도 넓고 잠재력도 크다.

이것은 생리학의 가장 기초에 해당한다. 인간은 40대부터 근육이 줄어들고 심폐 기능이 떨어지기 시작한다. 심장과 허파가 약해지는 것이다. 한 사람도 예외 없이 누구나 똑같다. 노화의 한 부분이다. 물론 아주 건강한 사람은 더 좋은 상태에서 시작하겠지만, 누구나 해마다 평균 1퍼센트의 비율로 근육이 감소한다. 그런데 운동을 통해 그것을 대부분 보완할 수 있다. 보완하지 않으면 80대 노인이 될 때쯤에는 근육의 양이 절반 정도로 떨어진다. 노년의 허약함은 다분히 거기서 비롯된다.[4]

미국을 비롯한 많은 나라의 경우, 현대의 생활 방식 때문에 일과 속에 반드시 운동이 들어가야 한다. 그렇지 않으면 너무 의자에 앉아서만 생활하게 된다. 다시 모리스의 말을 들어 보자.

> 유사 이래로 우리는 건강을 위해 일부러 운동해야만 하는 첫 세대다. 이전에는 직업과 일, 가깝고 먼 거리의 이동, 가정생활 등이 많은 신체 활동으로 이루어졌다. 그런데 지금은 그런 활동이 대폭 줄어들었다. 그래서 누구나 의지적인 운동을 생각해야 하는 시대가 되었다.[5]

건초를 생산하는 농부, 담당 구역을 걸어서 도는 우편배달부, 짐짝을 취급하는 택배 직원 등은 직업 외에 따로 운동하지 않아도 된다. 하지만 책상에서 일하는 사람들은 이전에 노동을 통해 이루어지던 신체 활동을 여가를 이용해서 할 수밖에 없다.

어느 정도가 충분한가?

신체 활동을 거부하는 가장 흔한 '종교적' 반론 중 하나는 시간의 청지기직과 관계된다. 나도 누구 못지않게 이 문제로 씨름하고 있다. 그러잖아도 할 일이 태산같이 많은데 하루에 90분씩 자전거를 타고, 라켓볼을 치고, 수영하는 따위가 정당화될 수 있는가? 게다가 운동하고 나면 샤워도 해야 한다.

그러나 사실은 운동하는 만큼 대개 수명이 더 **길어진다**. 하버드 졸업생들을 대상으로 시행한 한 연구에 따르면, 20여 년에 걸쳐 남자 1만 7천 명의 죽음을 추적한 결과 "전체적으로 1시간 운동할 때마다 인간의 수명이 2시간가량 연장되는" 것으로 나타났다.[6]

아울러 운동 시간을 '낭비'로 보는 것은 잘못이다. 많은 여자들이 경험하고 있듯이, 매일 걷거나 달리는 시간 또는 일주일에 두 번씩 축구나 배구 시합에 참여하는 시간이야말로 그들에게는 친구들을 만나는 최고의 기회다. 내 경우에도 운동 시간은 간혹 스트레스를 풀거나, 설교를 듣거나, 다음 번 강연이나 저서의 내용을 구상하기에 딱 좋은 시간이다. 그냥 기도할 때도 많이 있다. 만일 내가 마지못해 헬스클럽의 운동 기구 위에서 달린다면, 운동 중에 기도하기가 더 힘들 것이다. 그래서 더욱 우리는 각자에게 맞는 운동 형태를 찾아야 한다. 활력을 주는 운동, 몸을 튼튼하게 해 주면서 영혼까지 세워 주는 운동을 찾아야 한다.

여기까지 말했으니 이제 힘 빠지는 연구 결과를 하나 전해야겠다. 미국 농무부가 살을 뺀 상태를 유지하려는 사람들에게 권장하는 운동 시간은 하루에 60~90분이다. 심장 혈관계의 건강을 위해서라면 운동량이 그보다 훨씬 적어도 괜찮다. 하지만 식생활이 고도로 훈련된 사람이 아닌 다음에야 실제로 살을 **빼려면** 그 정도의 시간은 운동해야 한다. 살을 뺀 상태를 유지하려는 사람도 마찬가지다.

어떤 사람들은 일주일에 나흘씩 하루에 20분 정도 운동하다가 '아무런 변화가 없으면' 그만두어 버린다. 이것은 공정한 시험이 아니다. 시작으로서는 좋지만 실제로 살이 빠지는 효과는 없을 것이다. 훈련된 식생활과 병행되지 않는 한 그렇다. 여대생이 30분을 달리고 나서 그 보상으로 오레오 과자 네 개를 먹는다면, 전체를 합산한 순 열량 수치는 오히려 **증가한다**.

하지만 성공을 주로 체중 감량으로 측정하지는 마라. 우리의 초점이 영적으로 강건해지는 데 있음을 잊지 마라. 당신의 인내심이 얼마나 더 많아지는지 잘 보라. 어쩌면 당신의 삶에 기쁨과 의욕과 활력이 더해지고 있는지도 모른다. 체중계의 눈금과 관계없이 이런 것들이 정말 중요한 성과다.

다행히도 건강이 체형보다 실제로 더 중요하다. 전에 쿠퍼 연구소에서 활동하다가 현재 사우스캐롤라이나 대학교의 아놀드 공중 위생 학교에 몸담고 있는 스티븐 블레어 박사는 이렇게 말했다. "우리의 연구 결과, 비만이지만 심장 혈관계가 건강한 사람들은 정상 체중의 건강하지 못한 사람들에 비해 사망률이 절반으로 떨어졌다."[7]

🦋 무리하지 말고 적정선을 지키라

어떤 독자는 지금까지 몸 관리에 소홀했던 점이 몹시 마음에 찔려, **당장** 고치기로 마음먹을지 모르겠다. 하지만 주의할 것이 있다. 가장 중요한 것은 당신의 과거가 아니라 현재와 미래다. 그것이 분명한 성경적 원리다. 과거를 만회해 보려고 몸 관리에 무리하면 오히려 그것이 실패의 지름길이 될 수 있다. 차근차근 적당하게 하는 법을 배우라.

여러 해 동안 해이하게 살아온 삶을 단 몇 분간의 고된 운동으로 뒤집으려 한다면 웬만한 사람들은 포기할 수밖에 없다. 다시 말하지만, 영혼을 은처럼 단련하는 일은 **지속적인 과정**이다. 당신의 몸이 건강하지 못한 상태라면, 기도하면서 1~2킬로미터만 걸어도 충분한 운동이 될 수 있다. 하나도 부끄러워할 일이 아니다. 당신은 건강 쪽으로 가고 있다. 그게 중요하다. 물론 그 정도의 운동으로는 열량이 별로 연소되지 않는다. 신체 활동이 그렇게 부족해서는 살이 빠지거나 허리 사이즈가 줄지 않는다. **하지만 당신은 영적, 육적으로 더 건강해지는 길에 들어서 있다.**

당신이 즐길 수 있는 일을 찾아보라. 자전거, 수영, 걷기, 크로스컨트리 스키, 팔운동 기구 등 무엇이든 좋다. 아니면 적어도 신체 활동을 즐겁게 만드는 방법이라도 찾아내라. 운동 중에 아이팟으로 설교나 음악을 들어도 좋다. 운동을 친구나 배우자와 함께하는 방법도 있다. 러닝 머신에서 달리는 동안 영화를 볼 수도 있다.

자신이 싫어하는 일을 하면서 기도할 수는 없을 것이다. 또한, 운동 중에 통증이 느껴진다면 몸의 통증이 영혼의 묵상을 삼켜 버릴 것이다. 이 책에서 권하는 새로운 생활 방식의 취지는 스트레스를 줄이고, 당신을 영적으로 하나님께 더 살아 있게 하는 것이다. 너무 야심에 찬 계획에 착수했다가 스트레스와 죄책감이 가중된다면 오히려 그 취지에 방해가 된다.

신체적인 관점에서, 하버드 의대 영양학과 부학장인 조지 블랙번 박사는 '10퍼센트 원칙'을 권한다. 살을 빼려면 3~6개월 동안 10퍼센트만 빼고, 다시 6개월 동안 그 수준을 유지한 후에 다음 단계로 넘어가라는 것이다. 그에 따르면, 그렇게 충분한 시간을 주어야 우리 몸이 낮아진 '기준점'^{특정 체중}에 적응할 수 있다.[8] 인체의 여러 복잡한 시스템은 오히려 현재의 체중을 '방어하도록' 되어 있다. 따라서 너무 빨리, 너무 많이 살을 빼려 하면 효과가 없어 낙심에 빠질 수 있다.

영적인 관점에서, 몸 관리의 문제를 다룰 때 은혜의 중요성은 아무리 강조해도 지나치지 않다. 오랫동안 건강에 소홀했던 잘못을 깨닫고 조치에 나섰다면, 이제 날마다 가장 중요한 것은 과거가 남겨 준 몸이 아니라 현재의 몸 관리다. 나는 **오늘** 순종하고 있는가? 지금 순종하고 있다면 하나님은 그것으로 기뻐하신다.

그렇다면 뚱뚱한 몸이나 군살 없는 몸, 근육질 몸이나 깡마른 몸, 노인의 몸이나 청년의 몸, 장애인의 몸이나 운동선수의 몸 할 것 없이 어떤 몸으로든 하나님을 예배하고 영화롭게 할 수 있다는 뜻이다. 은혜가 있기에 날마다 우리는 몸으로 하나님을 예배하고 섬길 수 있다. 과거의 선택들이 내 몸 상태를 어떻게 만들어 놓았든 상관없다.

결국, 무리하지 않고 적정선을 지키는 사람이 이긴다. 하나님의 은혜와 수용을 받아들이는 영혼이 승리한다. 우리가 건강해지려 하는 것은 하나님의 사랑을 얻어내기 위해서가 아니라 하나님의 사랑으로 말미암아 해방되기 위해서다.

자신에게 충분한 시간을 주고 전체 여정을 즐기라.

한 번 더 생각해 보기

1. 케네스 쿠퍼 박사는 전반적 건강의 세 가지 요소를 다음과 같이 제시했다. 이 중 당신이 가장 강한 부분과 가장 약한 부분은 각각 무엇인지 설명해 보라.
   - 꾸준히 적당한 지구력 운동을 한다.
   - 근력과 유연성을 단련한다.
   - 저지방 고섬유질 음식을 섭취한다.

2. 심장혈관계의 건강을 위한 운동으로 당신이 가장 좋아하는 것은 무엇인가? 어떻게 하면 그 운동에 좀 더 충실할 수 있겠는가?

3. 당신에게 건강에 해로운 습성이 있는가? 그중 특히 나쁜 습성을 깨기 위한 전략을 토의해 보라.

4. 운동 파트너가 있다면 운동에 더 충실해질 것 같은가? 그런 파트너를 구하거나 그룹에 속할 방법을 말해 보라.

5. 새로 운동을 시작하는 사람에게 은혜와 적정선이 각각 어떻게 중요한지 토의해 보라.

14. **습관**을 공격하라 : 위대한 경주에서 승리하는 방법

"오직 너 하나님의 사람아, 이것들을 피하고 의와 경건과 믿음과 사랑과 인내와 온유를 따르며"_ 디모데전서 6:11.

뭔가를 정말 간절히 원하면서도 그것을 얻을 수 있을지 확신이 없었던 적이 있는가? 당신이 추구한 일은 대부분 내 경우보다 훨씬 고상했겠지만, 어려서부터 나는 보스턴 마라톤을 달리는 게 소원이었다. 일정한 기록을 보유해야 출전 자격이 허용되는 마라톤은 미국에 그것 하나뿐이다. 따라서 보스턴 마라톤에 출전하려면 참가비를 내고 일정을 떼 놓는 것만으론 부족하다. 정해진 시간 내에 달렸다는 기록까지 제출해야 한다.

마라톤을 처음 달릴 때는 오로지 완주가 나의 목표였다. 두 번째와 세 번째에는 보스턴 출전 자격을 얻기 위해 사력을 다했지만, 기록이 기준에 못 미쳤다. 훈련 거리를 늘려 다시 진지하게 도전해 보려 했으나 발바닥에 근막염이 생겼다. 발꿈치 쪽이 찢어질 듯 아픈 이 증상은 치료에 몇 달이 걸릴 수도 있다. 이 부상 때문에 2년 동안 네 번째 마라톤에 나갈 수 없었다.

드디어 다시 달려도 좋다는 의사의 허가가 떨어졌다. 하지만 그동안 앉아서 지낸 기간이 워낙 길어, 막상 달려 보니 1마일에 8분 30초도 빠르게 느껴졌다. "이보다 훨씬 빠른 속도로 26마일 이상$^{42.195킬로미터}$을 달려야 하는데 이래서 되겠는가?" 하는 생각이 절로 들었다. 다행히 보스턴 마라톤에는 연장자에 대한 혜택이 있다. 나이가 45세가 넘으면 자격 기준이 10분이나 더 확 늦추어진다. 나도 그 나이가 되었으니 이제 3시간 30분 이내에 완주하기만 하면 되었다. 그 시간이라면 이미 나도 달려 본 기록이 있었다. 그러니 식은 죽 먹기가 아니겠는가?

나는 체력 단련과 장거리 훈련에 온 힘을 기울였다. 그리고 좋은 기록을 얻기에 이상적인 코스를 택했다. 미네소타 주 덜루스에서 열리는 그랜드마 마라톤은 코스가 험하지 않아 기록이 잘 나오는 편이며 주변 경관도 좋다. 드디어 나는 준비가 끝났다. 비행기를 타고 가서 호텔에 묵어야 했으므로 여행 경비만 1천 달러쯤 들었다. 투자치고는 좀 심하다 싶었지만, 리자는 마라톤 강박증에 걸린 남편과 사는 데 진력이 난 터라 나를 떠밀며 이렇게 말했다.

"가서 보스턴 대회에 출전할 자격이나 따오세요."

드디어 마라톤 당일에 일어나 보니 하필 고온다습을 알리는 '까만 풍선의 날'이었다. 건강상의 문제가 있는 사람들에게는 달리지 **말라는** 경고였고, 나머지 주자들에게는 적당히 속도를 조절하라는 메시지였다. 내 몸은 이미 달릴 준비가 되어 있었다. 처음 몇 마일은 정말 쉽게 지나갔지만, 온도와 습도가 계속 높아지면서 내 기록도 느려졌다.

결국, 내가 달린 마라톤 중 가장 저조한 기록이 나왔다. 거의 30분 차이였다. 결승선에서 의료 천막으로 옮겨져 탈수 치료를 받기도 했다. 정맥에 식염수를 꽂고 간이침대에 누워 있노라니 그동안 수없이 달리던 일, 몇 달간의 훈련, 발바닥 근막염과 싸우던 고통, **돈 1천 달러**, 그런 것밖에 생각나지 않았다. 그런데도 보스턴은 전보다 더 멀어졌다.

이전 어느 때보다도 녹초가 된 몸으로 호텔 방에 돌아왔다. 아직도 탈수 상태라 화장실에 갈 필요가 없는 게 차라리 다행이다 싶었다. 화장실까지 걸어갈 기력조차 없었다. 아내가 전화로 나를 위로하다가 끝에 가서 이런 말을 했다.

"여보, 당신은 그냥 체질상 빨리 달리는 사람이 아닌가 봐요. 마라톤을 달리는 사람 중에 보스턴 대회에 출전할 자격이 되는 사람은 10퍼센트밖에 안 된다고, 당신이 그랬잖아요."

내가 듣고 싶은 말은 아니었다. 아내의 말이 옳을 수도 있겠다 싶으면서도 실패를 인정하고 싶지 않았다. 그 뒤로도 나는 달리기를 계속했지

만, 다시 진지하게 도전하기까지는 1년을 기다렸다. 리자가 차로 아이다
호 주의 코들레인까지 데려다 주었다. 이번에는 항공료를 쓸 마음이 없었다. 덜루
스 때보다 약간 조심해서 달렸지만 많이는 아니었다. 15마일 지점이
고비가 될 터였다. 그 코스는 높은 언덕배기 하나를 두 번 지나게 되
어 있었는데, 처음 정상에 오를 때가 15마일 지점이었다. 15마일을
지나고도 기력이 남아 있다면 더 속도를 내 볼 수 있을 것 같았다.
1마일에 7분 57초의 속도로 정상에 올랐다. "오르막에서 시간을
까먹지도 않았다! 과연 기력이 남아 있을까?" 내 생각은 거기에
집중되었다. 마라톤에서 15마일 지점을 지나고도 기력이 많이 남
아 있다면, 그 기분은 가히 형언할 수 없다. 그 다음 8마일은 쉽게
지나갔다. 그런데 마지막 3마일을 남겨 놓고 현기증이 나기 시작
했다. 생각만 해도 가슴이 아릴 정도로 보스턴이 코앞에까지 다
가와 있는데 말이다. **정말** 어지러웠다. 탈수의 징후였다.
하나님께 간절히 기도했다. "제발, 제발, **제발**, 쓰러지지 않게 해
주십시오. 조금만 더 가면 됩니다. …"
그렇게 내 평생 가장 긴 15분이 흘러 드디어 25마일 지점을 지났
다. 이제 걸어가도 3시간 30분은 떼어 놓은 당상이었다. 그래도 나
는 긴장을 풀지 않고 달려 3시간 22분에 결승선을 밟았다. 한 의료요
원이 아내 쪽으로 비틀비틀 걸어가는 나를 보고 다가왔다.
"괜찮으십니까? 도움이 필요하십니까?"

아내가 내 팔을 잡아 주며 말했다.

"이 사람은 원래 그래요. 하지만 방금 막 보스턴 대회에 출전할 자격을 얻었답니다."

"축하합니다!"

그 사람이 활짝 웃으며 큰 소리로 말했다. 기진맥진하기는 했지만 나도 그에게 애써 웃음을 지어 보였다.

5년이 걸렸다. 마라톤 완주만 다섯 번째였고, 그동안 달린 거리를 모두 합하면 수천 마일은 되었다. 드디어 나는 보스턴으로 가는 티켓을 손에 쥐었다.

더 위대한 경주

"오직 너 하나님의 사람아, 이것들을 피하고 의와 경건과 믿음과 사랑과 인내와 온유를 따르며^{추구하며, NIV}."

바울은 디모데에게 뭔가를 추구하라고 강권하고 있다. 뭔가를 간절히 추구하려는 사람은 무엇이든 감당하지 못할 것이 없다. 나도 오랫동안 보스턴 마라톤을 추구해 보았기 때문에 그것을 안다.

하지만 나는 보스턴을 추구할 때와 똑같은^{또는 그 이상의} 열정으로 의와 경건과 믿음과 사랑과 인내와 온유를 추구할 것인가?

당신은 그리할 것인가?

비판적이지 않은 자세로 솔직히 생각해 보라. 바울은 진정 거룩함을 추구하며 그리스도를 닮아 가라고 권고하는데, 그 권고대로 실행하고 있는 그리스도인이 당신의 교회에 얼마나 되는가? 나쁜 성질을 고치려다 결국 포기하고 굴복하여 "나는 원래 그런 사람이야"라고 말하는 사람이 우리 중에 얼마나 많은가? 자신의 몸이 망가지도록 그냥 내버려 두는 사람이 얼마나 많은가?

우리도 이전에 건강에 해로운 습관을 고치려 해 보았다. 아마 반평생 동안 그러다 말다 했을 것이다. 하지만 이길 수 없는 경주라는 결론을 내리고 말았다. 중독을 그냥 받아들이고 사는 중독자들은 또 얼마나 많은가? 그들은 패배감에 지쳐 있어, 다시는 실패를 맛볼 마음이 없다. 그래서 아예 싸우지 않는다.

내 삶에는 불순종의 문제들이 있다. 그 문제들은 초강력 접착제처럼 내게 들러붙어 좀처럼 떨어지지 않는다. 몇 달 동안 승리했다 해도, 제대로 조건만 갖추어지면 다시 **뺑!** 나가떨어진다. "또? 정말로?" 그런 생각이 절로 든다.

예컨대 내 삶에 몇몇 특정한 상황이 발생하면, 나는 대개 이틀 연속으로 마구 먹는다. 내가 먹고 있다는 사실조차 거의 모른다. 먹을수록 더 먹고 **싶어진다**. 처음에는 헛간의 문을 살짝 열고 한 번만 포식하자고 생각하지만, 결국은 문들이 다 활짝 열려 짐승 떼의 발밑에 깔려 버리고 만다. 먹으면 기분이 좋아질 수 **있다**. 나도 그쪽으로 수없이 많이 무너져 본 사람이다.

그냥 낙심에 빠져 "진정한 거룩함은 불가능한 일이다"라고 말하는 편이 쉽다. 하지만 거룩함을 추구하라는 바울의 말은 당신과 나에게 주는 말이다. 애초에 잡기 힘든 것이 아니라면 아무도 굳이 추구하지 않는다. 추구할 필요가 없다! 추구라는 개념 자체에 반복적인 온갖 노력이 전제되어 있다. 사실 바울이 추구하라고 예찬한 것 중에는 **인내** 자체도 들어 있다.

6백 년 전에 리처드 롤은 이런 말로 그리스도인들을 격려했다. 그때 못지않게 지금 우리에게도 똑같이 해당하는 말이다.

"모든 의인은 평생 부도덕과 싸우고 육욕과 싸운다. 악인들은 아예 싸우지 않고 하나님과만 싸운다. 그들은 죄와 휴전을 맺는다."[1]

우리의 신학^{무엇이 가능한가에 대한 믿음}을 결정짓는 것은 우리의 **경험**이 아니라 하나님의 말씀이어야 한다. 우리가 특정 분야에서 계속 실패한다 해도 성경은 분명하다. 우리는 계속 경건을 추구해야 한다. 사안에 따라 그 추구는 80년이나 그 이상이 걸릴 수도 있다. 특히 식생활과 운동은 그렇다. 하지만 그렇다고 해서 경주를 중단해도 되는 것은 아니다.

습관을 공격하라

우리는 예수 그리스도께서 다 이루신 일을 통해 이미 신분적 거룩함을 얻었다. 그러다 보니 경험적 거룩함을 추구해야 할 사명을 외면하고 싶어질 수 있다. 하지만 바울은 디모데전서 6장 11절에 분명히 거룩함을 추구하라고 명하고 있다.

앞서 말했듯이 사실 어떤 죄들은 떨쳐 버리기가 극히 어렵다. 사람마다 더 자주 유혹을 받는 죄들이 있는데, 그런 죄들의 유혹은 우리가 죽는 날까지 어느 정도 계속된다. 우리는 죄의 노예가 되지 않을 수는 있지만, 죄의 유혹에서는 벗어나지 못할 수 있다. 죄를 제어하고 이길 수는 있지만, 그래도 가끔 걸려 넘어질 수 있다. 하지만 얼마나 자주 넘어지느냐의 문제는 대개 우리가 얼마나 힘써 경계하고 싸우느냐에 달려 있다.

많은 사람이 포기하는 이유는 여태 잘못 배웠기 때문이다. 그들은 자신이 완전히 고침 받고 유혹에서 벗어나, 다시는 유혹에 부딪치거나 빠지지 않을 수 있다고 생각한다. 우리가 구할 때마다 하나님이 단번에 구해 주신다면, 바울이 우리에게 인내하라고 명하지도 않았을 것이다.

이처럼 불완전한 현실 앞에서, 옛사람들과 성경은 그리스도인에게 능동적 관점에서 거룩함을 추구하라고 권고한다. 그냥 포기하도록 우리를 내버려 두지 않는다. 우리는 죄와 싸우는 일에 협력할 수 있고 **협력해야 한다.** 존 베일리*존 베일리(1886~1960)는 스코틀랜드의 신학자이자 목사이며, 그의 책 「날마다 드리는 기도」(대한기독교서회)는 현대의 영성 고전으로 손색이 없다.의 아침 기도 중에 이런 멋진 기도가 있다.

"모든 고결한 직무를 그냥 두지 않고 시도하게 하시고, 모든 악한 습관을 공격하게 하소서."[2]

베일리는 죄가 공격해 올 때까지 기다리고만 있을 게 아니라 먼저 우리 쪽에서 죄를 공격하라고 권고한다.

그러려면 첫째로, 공세를 취해야 한다. 모든 고결한 직무를 그냥 두지 않고 시도한다는 것은 부지런히 하나님 나라의 일을 한다는 뜻이다. 둘째로, 모든 악한 습관을 공격하려면 자신을 강하게 하여 죄의 유혹에 맞서야 한다. 청교도들은 그런 사상을 고행'죄를 죽인다'는 뜻이라는 말로 표현했다. 현대의 고행은 어떤 것일까? 지금부터 그것을 우리 시대에 맞게 여러 가지로 설명해 보려 한다. 관심을 끄는 설교 제목을 원한다면 '고행과 친해지기'라고 해도 좋다. 항목마다 옛사람들이 말한 '식탐'과 '나태'에 맞서 싸우는 데 유용한 도구가 될 수 있다.

죄를 지었다면 그 쓴맛을 느껴 보라

존 베일리의 저녁 기도에 보면 우리가 죄를 어떻게 대해야 하는지 나와 있다. 나는 그가 보여 준 모본이 참 좋다.

오늘 하루 제가 회피했던 직무들을 쓰라리게 기억합니다.
제 입에서 나왔던 매정한 말들을 서글프게 기억합니다.
제 속에 품었던 쓸데없는 생각들을 부끄럽게 기억합니다.
오 하나님, 이런 기억들을 사용하여 저를 구원하시고, 그다음에는 그 기억들을 영원히 지워 주소서.[3]

베일리는 자신의 실패를 그냥 일축한 게 아니라 우선 기억했고, 그 쓴맛을 생각했고, 하나님께 그 기억을 사용하여 자신을 '구원해' 달라고 기도했다. 앞으로 똑같은 실패를 범하지 않도록 자신을 강하게 해 달라는 의미였다. 그러고 나서 마땅히 하나님의 자비에 의지했다.
"그다음에는 그 기억들을 영원히 지워 주소서."
얼마나 아름다운가!
나도 못내 부끄러웠던 때들을 기억하고 싶다. 예컨대 딸은 아직 커피를 절반도 못 마셨는데, 나는 그보다 두 배나 큰 잔의 커피를 벌써 다 끝내 버렸을 때가 그런 경우다.
"다 마신 거예요? 벌써요?" 딸이 물었다.
주님, 다음 번에는 저도 커피의 **맛이라도** 느껴 볼 수 있을까요?

나는 운전대만 잡으면 아량을 보이지 못하고 성질이 급해지곤 한다. 그때의 비참한 심정도 기억하고 싶다. 그런 내 모습이 누구 아는 사람의 눈에 띄기라도 한다면 얼마나 부끄럽겠는가. 그때마다 혈압이 올라가면서 하나님을 깨끗이 잊어버리는 나, 그런 나 자신을 돌아보고 싶다. 내가 되고 싶은 모습은 아니다. 하지만 인정하고 싶지 않아도 그게 바로 내 모습일 때가 많다.

"오 하나님, 이런 기억들을 사용하여 저를 구원하시고, 그다음에는 그 기억들을 영원히 지워 주소서."

죄의 배후에 깔린 기만을 파헤치라

죄는 본질상 하나님을 거짓말쟁이로 만든다. 그것이 죄의 적나라한 실체다.

"하나님, 하나님의 길은 최선이 아닙니다. 하나님은 나한테 뭔가 좋은 것을 주지 않으려고 하십니다. 나를 잘못된 삶으로 인도하고 계십니다."

그래서 우리는 자신의 반항심이 얼마나 흉측한지 보아야 한다. 그래야 생각이 바뀔 수 있다. 바울은 우리가 마음^{생각}을 새롭게 함으로 변화를 받는다고 했다$^{롬\ 12:2}$.

다시 말해서 모든 죄는 하나님께 동의하지 않는 것이다. 하나님과 우리의 생각이 다르다면, 잘못은 어느 쪽에 있을까? 죄를 지을 때 우리는 겉으로든 속으로든 이렇게 말하는 것이다.

"하나님, 하나님은 이렇게 살라고 하시지만 제 생각에는 저렇게 사는 게 더 나을 것 같습니다."

유혹을 당했던 그 순간으로 되돌아가 이렇게 자문해 보라.

"정확히 언제부터 나는 하나님을 거짓말쟁이로 만들었는가?"

당신이 어떻게 기만당했는지 이제 보이는가?

과자 봉지를 뜯지 말라는 양심의 소리를 무시하고 봉지를 뜯었을 때, 30분 후에 정말 당신의 기분이 더 좋아지던가? 아니면 오히려 더 나빠지던가? 마음이 썩 내키지 않아도 일단 운동하고 나면 대개 기분이 상쾌해지고 힘이 난다. 당신도 그런 경험이 많이 있었다. 그런데도 운동 시간을 빼먹었을 때, 그것이 당신의 장기적 목표인 건강 증진에 도움이 되던가? 아니면 당신은 그냥 해이한 마음에 굴했을 뿐인가? 운동을 빼먹는 것이 지혜롭고 심지어 꼭 필요할 때도 있다. 하지만 이번에도 그런 경우였는가?

이것을 심사숙고할 때 당신은 생각을 새롭게 하여 다음번 공격에 대비하는 것이다. 기만을 그냥 받아들이지 마라. 하나님을 자비로운 의사와 교사로 삼아, 은혜와 용서 안에서 차분히 기만을 파헤쳐 보라. 그러면 당신이 어디서 어떻게 기만당했는지 알 수 있다. 그러고 나서 하나님의 진리로 자신을 강하게 하라. 그러면 다음에는 똑같은 기만에 속지 않을 것이다. 적어도 사탄으로 하여금 새로운 거짓말을 지어내게 하라! 정작 거짓말쟁이는 사탄이요 우리의 욕심이다. 당신의 실패를 잘 반추해 보면 그 점을 상기할 수 있다.

죄를 짓게 된 상황을 따져 보라

셋째로, 죄를 짓게 된 상황을 살펴볼 필요가 있다. 잠시 시간을 내서, 그때 당신이 왜 그렇게 약했는지 자문해 보라. 이 죄는 당신이 피로, 수치, 외로움, 두려움, 좌절을 느낄 때 공격해 오는가? 당신을 그렇게 넘어지기 쉽게 만드는 상황들의 공통점을 찾아낼 수 있겠는가?

만일 그렇다면, 그런 상황을 예상하고 미리 대비할 수 있다. 당신이 늘 오후에 과식한다면, 그 시간에 친구와 함께 걷기로 약속해 보라. 당신이 으레 한 주간의 특정한 시점에 화를 낸다면, 그 시점이 되기 전에 중압감을 덜 길을 찾아보라. 그 문제로 배우자와 함께 의논해 보라. 한때 나는 밤참을 먹는 습관이 있었다. 내게는 그것도 일종의 과식이었다. 나는 그때의 상황과 반복적인 틀을 살핀 후, 스케줄 조정과 단기 금식을 통해 그 버릇을 고쳤다.

다시 말해서, 죄를 지었다면 그 후에 잊지 말고 꼭 해야 할 일이 있다. 하나님의 용서와 은총을 새로 얻어내기 위해서가 아니라 우리의 영혼을 강하게 하여 다시는 똑같이 넘어지지 않기 위해서다.

죄를 통해 자신의 영혼 상태를 더 정확히 보라

죄의 한 가지 '축복'^{그런 표현을 쓸 수 있다면}은 죄를 통해 우리가 새삼 정직해질 수 있다는 점이다. 죄는 우리의 연약함을 드러내 준다. 이를 계기로 우리는 이렇게 고백할 수 있다.

"나는 이러이러한 것이 두렵다, 부끄럽다, 생각보다 피곤하다, 좌절을 느낀다. …"

곧장 용서만 빌고 만다면, '빛 가운데 행하는 삶'의 가치를 놓친다. 자신에게 온전히 정직해질 수 없다는 뜻이다.

찰리 웨이스는 노트르담 대학교 미식축구팀의 수석 코치가 되었을 때 선수들에게 이전 시즌에 관하여 이렇게 말했다.

"팀 전적이 6승 5패다. 그게 여러분의 현주소다. 여러분이나 나 이 정도로는 안 된다."

이 팀이 경기장에서 보여 준 실적은 평균 6승 5패였다. 노트르담의 유니폼을 입었다 해서 그 사실이 달라지지는 않았다.^{그래서 팀 전적이 6승 6패로 더 나빠지자 웨이스는 해고되었다!}

내가 아무리 그리스도인으로 자처하고 신앙을 거침없이 표현한다해도, 등 뒤에서 다른 사람들을 욕한다면 나는 험담하는 사람이다. 아내를 모질게 대한다면 비열한 사람이다. 자녀를 훈육하지 않는다면 게으른 사람이다. 그게 나의 실상이다.

죄를 통해 당신의 실상을 보라. 그러면 하나님이 지으신 당신의 본연의 모습을 되찾을 수 있다. 당신은 의와 경건과 믿음과 사랑과 인내와 온유를 추구하는 사람이다.

죄의 강도를 측정하라

당신을 무너뜨리려는 이 죄는 얼마나 강한가? 그동안 당신은 이 죄를 이겼는가? 아니면 이 죄가 당신을 이겼는가? 이 죄는 갈수록 더 잦아지는가 아니면 뜸해지는가? 이 죄의 위력이 더 세지고 있다면, 당신은 충분한 관심을 두고 도움을 청해야 한다. 어느 특정한 죄가 당신을 이기지 못하게 하라. 여기서 당신은 솔직해져야 하며, 방심해서는 안 된다. 이 죄는 순간적으로 감정이 격해져서 나온 이례적인 행동인가, 아니면 점점 습관으로 굳어져 가고 있는가? 죄가 한결같이 당신을 이기고 있다면, 당장 도움을 청해야 한다. 자백과 감시를 통해 죄를 빛 가운데 드러내면, 죄가 당신을 죽이기 전에 먼저 죄를 죽일 수 있다.

거룩한 대안을 모색하라

다음, 이 죄를 대체할 수 있는 순결한 대안을 생각해 보라. 이 책을 쓰기 전에 나는 「쾌락, 하나님이 주신 순전한 즐거움」[CUP]이라는 책을 썼는데, 하나님이 적절한 쾌락을 통하여 우리의 영혼을 강하게 해 주실 수 있다는 것이 주요 골자의 하나였다.[4] 당신이 험담하는 버릇이 있다면, 대화를 통해 서로를 풍요롭게 하고 험담은 용납하지 않는 그런 우정을 가꾸어 보면 어떨까? 당신이 출장 중에 으레 죄를 짓는다면, 그 죄를 대체할 만한 좋은 활동이 있지 않을까?

내가 아는 어느 유명한 야구 선수가 메이저리그 선수로 발탁되었다. 그리스도인이자 유부남인 그는 야구장 라커룸의 안팎에서 죄를 짓기 쉽다는 것을 잘 알고 있었다. 그것은 그가 원하는 생활 방식이 아니었기에 그는 대신 호텔 방에서 비디오게임을 했다. 한 해에 100일 밤 이상을 집 밖에서 보내야 하는데, 밤마다 이를 악물고 유혹을 억누르는 것만으로는 될 일이 아니었다. 무난한 대안을 찾아야 했다. 팀 동료들이 술집과 나이트클럽과 그보다 더한 곳에 드나들 때, 그도 뭔가 고대할 만한 일이 필요했다. 그에게는 그것이 비디오게임이었다.

나는 늘 비디오게임을 기껏해야 시간 낭비라고 생각했는데, 그 이야기를 듣고부터 달라졌다. 유혹이 넘쳐나는 세상에서 그토록 간절히 자신의 신앙과 결혼 생활에 충실하기 위해 애를 쓰는 그에게 하나님이 복을 주시기를 빈다.

당신의 문제가 식생활이라면 많은 치료자가 권하는 지혜가 있다. 절대로 즉흥적으로 먹지 말라는 것이다. 과식은 다분히 충동적으로 이루어진다. 거기에 대항하려면 당신이 먹을 음식을 끼니별로 미리 적어 둔 다음, 그 스케줄대로 지키면 된다. 예컨대 월요일 아침은 오트밀과

토스트, 점심은 유기농 빵으로 만든 칠면조고기 샌드위치, 오후의 간식은 요구르트와 아몬드, 저녁은 닭고기 샐러드로 할 수 있다. 그런 식으로 요일마다 정하면 된다. 식단의 스케줄로 자신을 보호하는 것이다. 그러면 모든 입씨름 "아니, 그건 안 먹어. **이걸** 먹을 거야" 들이 사전에 차단된다.

그냥 포기하고 치즈케이크를 절반이나 먹을 게 아니라 당신이 정말 좋아하는 다크초콜릿을 찾아 천천히 한 입씩 음미해 보라. 적은 양의 음식을 얼마나 오랫동안 먹을 수 있는지 보라. 어차피 디저트로 **뭔가를** 먹을 거라면, 미리 적당량을 정해 두라. 무난한 대안으로 맹공에 대비하라.

당신의 영혼을 강하게 하라

끝으로, 영적 양분으로 당신의 영혼을 강하게 할 방법을 생각해 보라. 그리스도인이 부딪칠 수 있는 사실상 모든 이슈에 대해, 이미 많은 설교와 책이 나와 있다. 성경을 묵상하는 것도 굉장한 효과가 있다. 금식, 고독, 묵상 같은 영적 훈련도 큰 도움이 될 수 있다. 청교도들은 안식일을 '영혼의 장날'이라 불렀다. 거룩해지는 데 전념하는 날이라는 뜻이다. 하지만 이 연습을 딱 하루로 제한할 필요는 없다. 설교를 일주일에 여러 편씩 듣는 것은 어떤가? 성경과 고전을 날마다 읽는 것은 어떤가?

올림픽 선수들은 매일 운동한다. 당신이 매일 하는 **영적** 운동은 무엇인가? 더 강하고 지혜롭고 성숙해지기 위해서 당신이 하고 있는 일은 무엇인가?

거룩함을 추구하려면 우리가 해야 할 역할이 있다. "하나님, 죄송합니다"라는 말이 그 역할의 끝인 줄 안다면 그것은 착각이다. '고행과 친해지는' 목적은 바로 그런 착각의 덫에 빠지지 않기 위해서다. 제 역할을 다하지 않는 삶은 게으른 영성이다. 은혜 가운데 행하는 게 아니라 게으름 가운데 행하는 것이다. 그것이 맞는 말임을 당신도 안다. 솔직해지라. 그런 식으로 해서 당신의 삶에 죄가 줄어든 적이 과연 있었는가? 이제부터 시간을 들여, 하나님이 주시는 도구들을 가지고 죄와 힘써 싸우라.

❀ 신체 활동의 영적 결과

지금까지 몸의 건강에 대해 살펴본 내용을 영적 게으름과의 싸움에 접목해 보자. 거룩하게 되어 가는 방식도 건강하게 되어 가는 방식과 같다. 그리스도인이자 육상 선수인 짐 라이언은 1마일 달리기에 대한 신체적 교훈을 자신의 신앙생활에 이렇게 적용했다.

나는 어느 날 아침에 그냥 침대에서 일어나 이렇게 말한 것이 아니다. "신발 끈을 매고 밖으로 나가 1마일을 4분 이하에 달려 보자."

처음에 나의 기상起床은 하나의 목표로 시작되었다. 그다음에 계획이 나왔다. 목표를 달성하기 위한 단계적 전략이었다. 집중력이 필요했다. 전에는 나에게 그런 집중력이 있는지도 몰랐다. 성공의 길은 평탄하지 않았다. 부상과 지체遲滯도 많았고 신체적, 정신적으로 극도의 피로를 겪어야 했다.[5]

만일 그가 게을렀다면 목표는 무산되었을 것이다. 수많은 새해의 결심을 게으름이 무산시키는 것과 마찬가지다. 하지만 짐은 인내했다.

우리는 누구나 영적 성장을 열망한다. 문제는 그것을 지금 당장 속성으로 원한다는 것이다. 하지만 초보 육상 선수로서 나는 훈련을 지속해야 했다. 혹한의 날씨 속에서도 한 걸음씩 달려야 했다. 마찬가지로 우리도 영적으로 자신을 훈련하며, 그리스도께서 위에서 부르신 부름을 향하여 한 걸음씩 달려가야 한다. 시간이 걸리는 일이다. 주인의식을 가지고 훈련에 임해야 한다.[6]

식생활과 운동에도 같은 원리가 적용된다. 속성으로 되기는 어렵다. 목표를 세우고, 차차 정신력을 기르고, 인내해야 한다. 신앙이 없는 사람은 한 번 실패하면 그것으로 포기하는 경우가 많다. 하지만 우리는 하나님의 은혜로 살아가기 때문에, 실패가 반복되어도 인내할 힘이 있다.

훈련의 보상은 단지 나쁜 습성을 끊는 정도가 아니라 그보다 훨씬 크다. 체력 단련에도 큰 보상이 있을 수 있듯이 거룩함, 사랑의 성품, 사랑의 삶, 경건한 행실에도 큰 보상이 따른다.

✽ 2009년 4월의 그날

꼭 꿈만 같았다. 이동식 화장실 앞에 줄이 길었다. 하지만 무리는 쾌활하고, 기운이 넘치고, 마음이 들떠 있었다. 모두 그 상태에 익숙해져 있었다. 우리 중 대부분은 성격에 강박적인 면이 있었다. 그렇지 않고서야 어떤 의미에서 그 자리까지 갈 수도 없을 것이다.

"처음이시오?" 예순 살의 남자가 내게 물었다.

"예."

그는 동갑내기 친구와 서로 어깨를 치면서 회심의 미소를 지었다.

"우실 겁니까?" 그가 내게 물었다.

"잘 모르겠습니다."

"혹시 울음이 터지더라도 당황하지 마시오. 나는 이번이 여섯 번째인데 매번 다 울었다오."

45분 후에 나도 그 이유를 알게 되었다.

수만 명의 주자가 선수촌을 떠나 1킬로미터 남짓을 걸어, 건각들의 세계에서 가장 신성한 땅의 하나로 통하는 곳으로 갔다. 바로 보스턴 마라톤의 출발선이었다.

처음으로 내 가슴이 뭉클해진 때는 진행 요원이 나를 제한구역 내로 입장시켜 주었을 때였다. 가슴 번호가 9000번부터 9999번까지인 주자들에게 배정된 자리였다.

"드디어 입장했다. 나를 입장시켜 주었어." 가슴이 뭉클했다.

두 번째는 전투기들이 상공을 비행하여 사람들이 웅성거리기 시작했을 때였다.

세 번째는 출발을 알리는 총성이 울렸을 때였다. 내 앞으로 8,000명, 뒤로 16,000명의 주자가 마라톤 출발을 위해 앞으로 나아갔다. 네 번째는 그로부터 7분도 더 지나 드디어 내 발이 정식 출발선을 밟던 순간이었다. 가족 단위로 응원을 나온 사람들이 함성을 지르고 시끄럽게 뭔가를 불어대며 플래카드를 높이 쳐들고 손뼉을 쳤다.

보스턴의 많은 명소들을 지나갔다^{던킨 도너츠 체인점이 정말 놀랄 정도로 많았다}. 웰즐리 대학교를 끼고 도는 '함성 터널'과 가장 힘든 구간인 하트브레이크 힐도 통과했다. 커먼웰스가(街)의 유명한 시트고 주유소 간판이 나왔을 때는 거기서부터 1마일이 남아 있다는 뜻이었다.

드디어 보일스턴 길에서 왼쪽으로 돌자 수많은 사람이 **여전히** 함성을 지르고 있었다. 그 광경이 영영 잊히지 않는다. 우리는 결승선을 향하여 마지막 200미터 구간을 달려 나아갔다. 그때까지 나는 눈물을 한 방울도 흘리지 않았다. 하지만 짝을 이루어 달리는 나이 예순의 두 친구를 비롯하여 누구라도 눈물을 흘릴 만하다는 생각이 들었다.

그동안 쏟아 부어야 했던 수고를 생각해 보았다. 40대의 내 몸은 일상생활을 영위하고, 앉아서 일하고, 어린 자녀를 기르느라 부실해져 있었다. 그 몸으로 42.195킬로미터를 달린다는 것은 보통 일이 아니었다. 그것도 보스턴 마라톤에 출전할 자격이 될 기록을 내야 했다. 온 힘을 다하여 다섯 번을 완주했고, 몇 달씩 수천 마일을 달렸고, 몇 년씩 발톱에 멍이 들었고, 피가 날 것 같지 않은 신체 부위에 피가 났고, 낯선 지역의 길을 때로 악천후 속에서 달렸고, 소염진통제와 얼음을 무한히도 없앴고, 장거리를 달리던 중에 외딴 이동식 화장실을 애타게 찾았고, 생소한 고장을 다녔고, 폭염의 날씨에 급수대나 편의점을 미친 듯이 찾아 헤맸다.

하지만 발걸음도 경쾌한 보일스턴 길의 200미터 구간은 그런 고생과 고통과 잦은 실패가 있었기에 그만큼 더 의미 있고 소중해졌다. 추구의 과정이 쉬웠다면 경주를 마치는 기쁨이 반으로 줄었을 것이다. 위를 올려다보니 결승선을 알리는 파란색과 노란색이 섞인 현수막이 점점 가까이 다가오고 있었다. 고개를 들어 하늘을 보며 이 모두를 가능하게 하신 창조주께 감사를 드렸다. 그 순간 나도 모르게 눈물이

터졌다.

장차 당신과 나에게 이것과는 아주 다른 '결승선'을 볼 날이 올 것이다. 나의 장인은 몇 달 전에 그것을 보았다. 이 세상을 떠나기 불과 몇 시간 전이었다. 작고한 그의 부친과 주님의 손이 그에게 보였다.

"주님의 손, 주님의 손이다. 어서 저 손에 안기고 싶다."

장인은 그렇게 말했다.

우리 모두에게 그날이 올 것이다. 그 뒤로 몇 분만 지나면 우리는 영원에 들어가 그분의 못 자국난 손에 안길 것이다. 이 땅에서 잦은 실패, 끝없는 몸부림, 온갖 수고를 겪었기에 그날은 더욱 감격스러울 것이다. 우리의 노력으로는 그곳에 갈 수 없다. 우리의 손이 아니라 **그분의** 손에 난 흉터 때문에만 그곳에 들어갈 수 있다. 하지만 그날 우리는 인내하기를 잘했다고 생각할 것이다. 바울과 함께 이렇게 고백할 수 있어 기쁠 것이다.

"나는 선한 싸움을 싸우고 나의 달려갈 길을 마치고 믿음을 지켰으니 이제 후로는 나를 위하여 의의 면류관이 예비되었으므로 주 곧 의로우신 재판장이 그 날에 내게 주실 것이며 내게만 아니라 주의 나타나심을 사모하는 모든 자에게도니라" 딤후 4:7~8.

한 번 더 생각해 보기

1. 바울은 디모데에게 적극적으로 "의와 경건과 믿음과 사랑과 인내와 온유를 추구"하라고 했다. 우리 전체와 당신 개인은 이 말씀에 얼마나 충실하게 순종하고 있는가? 우리가 흔히 내놓는 변명들은 무엇인가? 혹시 당신은 이런 추구의 필요성 자체에 이의를 제기하는 신학 전통에서 자랐는가? 현재 당신이 속한 신앙 공동체는 당신이 디모데전서 6장 11절의 도전에 부응하는 데 어떤 도움을 주고 있는가?

2. 무엇이 가능한가(예컨대 특정한 죄나 습성을 이기는 일)에 대한 당신의 믿음을 결정지어 온 것은 과거에 실패한 당신의 경험인가, 아니면 하나님의 말씀인가? 수없이 많이 실패하고도 추구를 지속하려면 용기가 필요하다. 어떻게 하면 이런 용기를 잃지 않을 수 있겠는가?

3. 저자는 "모든 죄는 하나님께 동의하지 않는 것이다. 하나님과 우리의 생각이 다르다면, 잘못은 어느 쪽에 있을까?"라고 반문한다. 식생활, 운동, 전반적 건강과 관련하여 당신이 하나님께 동의하지 않는 부분들은 무엇인가? 이것을 숙고하면 어떻게 다음 번의 싸움에 더 잘 준비될 수 있겠는가? 저자가 지적한 대로, "적어도 사탄으로 하여금 새로운 거짓말을 지어내게 하라!"

4. 고행은 죄를 죽이는 일이다. 현대에 맞게 적용한 몇 가지 고행의 행위를 복습해 보라.
   - 죄를 지었다면 그 쓴맛을 느껴 보라.
   - 죄의 배후에 깔린 기만을 파헤치라.
   - 죄를 짓게 된 상황을 따져 보라.
   - 죄를 통해 자신의 영혼의 상태를 더 정확히 보라.
   - 죄의 강도를 측정하라.
   - 거룩한 대안을 모색하라.
   - 당신의 영혼을 강하게 하라.

   당신은 죄에 대해 이렇게 심사숙고해 본 적이 있는가? 이 중에서 당신에게 특히 더 유용하게 다가오는 것이 있는가?

5. 고린도전서 9장 24~27절, 디모데후서 4장 5~8절, 히브리서 12장 1~2절을 읽으라. 저자는 자신이 경험한 보스턴 마라톤에 대해, "추구의 과정이 쉬웠다면 경주를 마치는 기쁨이 반으로 줄었을 것이다"라고 썼다. 인생도 그와 비슷하다고 보는가? 위 성경 말씀들은 그것을 어떻게 보여 주고 있는가?

15. **최후**의 그리스도인 : 쓰시기에 합당하게 준비하라

타자가 공을 치자 야구공은 하얀 미사일처럼 날아가 여섯 살 난 내 아들의 이마에 탁 맞고 떨어졌다. 그레이엄은 쇠망치에라도 얻어맞은 듯 바닥에 나자빠졌다. 나는 내야의 코치 옆으로 달려가 아이에게 물었다. "야, 괜찮아?"

그레이엄은 고개를 끄덕였다. "그런 것 같아요."

아이의 왼쪽 눈 위에 벌써 혹이 돋아나고 있었다. 그레이엄이 일어나려는데 코치가 말했다.

"나가서 쉬게 해 줄게. 너 대신 타일러를 넣고."

"안 돼요." 그레이엄이 말렸다.

"타일러는 공을 그냥 보내요. 이대로도 우리가 이번 시합에 이길 수 있어요. 저, 뛸 수 있어요."

"정말 괜찮겠어?" 내가 물었다.

"예."

코치를 보니 코치가 어깨를 으쓱이며 말했다.

"하긴 멍한 그레이엄이 말짱한 타일러보다 낫지요. 그러니 당신만 괜찮다면 …."

코치와 나는 그레이엄의 등을 두드려 주었다. 못내 자랑스러운 마음으로 벤치로 돌아가면서 나 혼자 중얼거렸다.

"흠, 기분 만점인걸. 정말 **강한** 아들을 두었단 말이야!"

아이가 대여섯 살일 때는 아직 검증되기 전이라 알 수가 없다. 그래도 나는 삶 전체가 그렇게 행복할 수가 없었다. 그러다가 벤치로 돌아가는 길에 그만 아내와 눈이 마주치고 말았다. 아내의 눈에서 태풍의 위력으로 칼날이 획획 날아들었다. 당시 우리는 결혼한 지 꽤 되었으므로 아내는 아무 소리를 내지 않고도 내게 고함을 지르는 법을 알고 있었다. 아내가 외친 말은 이런 것이었다.

"여섯 살 난 내 아들이 방금 막 딱딱한 야구공에 이마를 맞았어요. 그런데 아이를 그대로 두고 와요? 당신, 정신 나갔어요? 뇌진탕이라도 일으키면 어쩌려고요? 이미 멍한 상태에서 또다시 공에 맞기라도 하면 어쩌려고요? 당신이 얼마나 비열한 인간인지 알아요?"

배짱도 좋게 나는 벤치로 돌아가지 않고 그냥 코치 옆에 남아 있기로 했다. 아내가 친구들과 나누는 대화가 가히 상상이 되었다. 아마 이런 내용이었을 것이다.

"우주 역사에 비열한 남자가 셋 있는데, 바로 아돌프 히틀러와 가룟 유다와 내 남편이야."

시합이 끝난 후 우리는 '대화'를 통해, 서로 의견이 다를 수도 있다는 합의를 보아야 했다. 결국, 나는 아내에게 이렇게 말했다.

"세상은 약한 남자들이 성공하는 곳이 아니오."

"게리, 애는 남자지만 아직 **아이예요**."

"맞아요, 여보. 애는 **남자**아이예요. 그러니 내가 남자답게 기르겠다는 거요."

이쯤 되면 틀림없이 내가 많은 독자를 화나게 했을 것이다. 앞뒤 문맥을 떼어 놓고 보면, 내 말이 성차별적 발언처럼 들릴 수도 있을 테니 말이다. 그래서 양성이 모두 포함되게 표현을 고쳐 보겠다. 지금은 약한 그리스도인이 성공하는 시대가 아니다. 현대 교회는 온갖 도전에 직면해 있다. 그래서 우리는 그리스도인들을 아주 강하게 기를 필요가 있다.

지금까지 말했듯이 우리는 고통스럽더라도 건강과 몸 관리에 힘써야 하고, 방종과 게으름에 맞서 적극적으로 싸워야 한다. 요컨대 이것은 교회가 더 강해져야 한다는 호소와 같다. 우리는 아주 사소한 도전에도 굴복할 때가 많다. 남자들은 이런저런 피상적인 죄에 빠져 있고, 여자들은 이런저런 피상적인 염려에 빠져 있다. 그 바람에 하나님 나라의 일은 등한시되고 있다. 우리가 더 강해지지 않으면 결코 일을 해낼 수 없다.

그리스도인들이 흩어져 격리되고 쫓겨 다녀야 할 정도로, 하나님이 전반적인 박해를 허락하신다면 어떻게 하겠는가? 실제로 그분은 고금의 역사 속에서 그렇게 하셨다. 하나님께 충실할 것인지 아니면 돈벌이가 되는 직장이나 심지어 배우자를 지킬 것인지, 둘 중 하나를 택해야 한다면 어떻게 하겠는가? 실제로 이미 많은 나라에서 그런 현실을 볼 수 있다. 그래도 우리는 굳게 설 것인가? 자신이 최후의 그리스도인이라 할지라도 물러서지 않을 것인가?

바로 그것이 내가 이 책을 통해 당신의 머릿속에 남기고 싶은 이미지다. 당신과 신앙을 공유하는 사람이 아무도 없다 해도 당신은 예수님께 지조를 지킬 수 있겠는가? 당신이 심리적, 관계적, 직업적, 재정적, 심지어 신체적으로 공격을 당한다 해도 그리할 것인가?

막상 그 순간이 닥치기까지는 아무도 확실히 모른다. 하지만 '최후의 그리스도인'이라는 개념과 이미지는 그동안 내 삶에 상당한 열매를 맺게 해 주었다. 덕분에 나는 하나님이 원하시는 그리스도인, 교회에 꼭 필요한 그리스도인이 되는 데 조금 더 힘쓸 수 있게 되었다.

물론 최후의 그리스도인으로서 절개를 지킨다는 개념은 자칫 우리를 교만에 빠뜨릴 위험이 있다. 그래서 어떤 사람들은 자신이 그 상황에 놓인다면 교회를 공격할 수도 있다. 하지만 내 의도는 결코 그게 아니다. 바울이 디모데후서에 한 말을 문맥으로 해서 보면 아마 도움이 될 것이다. 바울은 젊은 제자에게 이렇게 토로했다. "아시아에 있는 모든 사람이 나를 버린 이 일을 네가 아나니 그 중에는 부겔로와 허모게네도 있느니라." 그러다가 과거의 한 성도를 떠올렸다. "원하건대 주께서 오네시보로의 집에 긍휼을 베푸시옵소서. 그가 나를 자주 격려해 주고 내가 사슬에 매인 것을 부끄러워하지 아니하고 로마에 있을 때에 나를 부지런히 찾아와 만났음이라" 딤후 1:15~17.

이 본문을 가장 자연스럽게 읽으면, 오네시보로는 이미 죽은 후다. *주석가들 사이에 이견이 있다. 거기에는 다음과 같은 역사적 논쟁도 일부 원인으로 작용했다. 일부 천주교 주석가들은 사자(死者)들을 위한 기도를 옹호하기 위해 오네시보로가 이미 죽었다고 주장했고, 그러자 많은 개신교도 주석가들은 그런 기도를 반박하기 위해 반대 입장을 폈다. 하지만 본문을 가장 자연스럽게 읽으면, 바울이 이미 세상을 떠난 신실한 친구를 회상하고 있는 것으로 보인다. 신약학자인 고든 피 박사도 뉴 인터내셔널 성경주석 시리즈의 디모데전후서, 디도서 편에서 그런 견해를 밝히고 있다. 바울은 버림받아 다소 혼자가 된 심정으로, 지금은 세상을 떠나 영광에 들어간 한 신실한 친구의 추억을 그리워하고 있다.

이런 맥락에서 우리는 이렇게 자문해 볼 수 있다. 만일 온 지역이 서서히 신앙을 버린다면, 나는 그때 허모게네가 될 것인가 오네시보로가 될 것인가? 오네시보로는 진리를 전하는 하나님의 종들을 버리지 않앉을 뿐 아니라 열심히 그들을 찾아내 예수님의 이름으로 격려하고 지원했다. 우리도 그리할 것인가?

그렇게 헌신하려면 영적으로 대단한 힘이 필요한데, 내 생각에 게으름과 과식이라는 신체적 문제에 대응하면 교회가 그렇게 준비되는 데 큰 도움이 된다. 물론 자전거를 수백 킬로미터씩 타거나 수영해서 호수를 건너거나 마라톤을 한다고 해서 그 자체가 '십자가를 지는' 일은 아닐 것이다. 하지만 십자가를 기꺼이 지려는 영혼을 연마하는 데는 몸의 건강이 도움이 될 수 있다.

로렌조 스쿠폴리의 지혜로운 말을 들어 보라.

> 어떤 일이 그 자체로 또는 그것을 시킨 사람 때문에 귀찮을 수 있다. 그 일 때문에 당신이 더 좋아하는 일을 할 수 없어 싫을 수도 있다. 아주 골치 아픈 일이라서 차라리 하지 않는 게 편할 수도 있다. 그래도 그 일을 맡아서 하라. 그냥 외면하면 당신은 결코 고생을 배울 수 없고, 결코 참된 평안을 누릴 수 없다. 평안이란 정욕을 씻어내고 거룩해진 영혼에서만 솟아나기 때문이다.[1]

이는 고생을 활용하여 영혼을 연단하라는 지혜로운 권고다. 스쿠폴리는 순종과 희생정신이 우연히 생겨나거나 수동적으로 길러지는 게 아니라 의지적인 헌신과 추구의 삶에서 비롯됨을 제대로 지적했다. 그렇게 보면 몸 관리를 위한 매일의 싸움이 전혀 새롭게 보이지 않는가? 운동할 것인지 나초를 한 접시 먹을 것인지, 그런 선택의 갈림길에 설 때가 우리는 얼마나 많던가? 어쩌면 밖에 비가 오고 있어 몸을 젖게 하고 싶지 않을 수 있다. 텔레비전을 볼 때도 러닝머신에서 달리기보다 그냥 '기분상' 누워서 보고 싶을 수 있다. 우리는 운동을 거르고 포식할 수도 있고, 아니면 은혜와 힘과 영적 활력에서 자라갈 수도 있다. 이처럼 일상적이고 사소해 보이는 신체적 시험들 속에 엄청난 영적 의미가 함축되어 있다.

"고통이 계속하며 상처가 중하여 낫지 아니함"

지극히 강한 인물의 사례를 찾는다면, 교회는 구약의 선지자인 예레미야의 삶을 생각하면 된다. 40년 가량의 공적인 사역 기간 동안 예레미야가 견딘 모든 고통을 보면, 아무리 용감한 성도라도 흠칫 겁이 날 것이다.

처음에는 선지자의 사명이 비교적 편해 보였다. 예레미야가 예언 사역을 시작한 때는 요시야 왕 재위 중이었는데, 하나님을 경외한 요시야는 철저한 개혁을 주도하여 온 나라를 하나님께로 돌아오게 한 지도자였다. 그러나 12년 후에 요시야가 죽으면서 예레미야는 바닥으로 추락한다. 여호야김 왕은 중동 지방을 송두리째 삼켜 버린 바벨

론이 두려워 몸을 사렸고, 그 두려움 속에서 우상들을 의지했다. 머잖아 예레미야는 **정계와 교계** 할 것 없이 이스라엘의 모든 지도자와 대척 관계가 된다. 그의 가족들조차도 그를 배신했다[렘 12:6]. 하나님을 지지하고 우상을 배척한 대가로 그는 반역자로 지목되었다. 박해가 어찌나 심하고 고통스러웠던지 예레미야는 "나의 고통이 계속하며 상처가 중하여 낫지 아니함"[렘 15:18]이라 표현했다.

청중은 갈수록 더 예레미야를 적대시했지만, 그럼에도 그는 계속 하나님의 말씀을 충실히 선포했다. 그러자 하나님의 성전의 대제사장이 그를 때리고 고랑에 채웠다[렘 20:1~2]. 그래도 예레미야는 사람들의 비위를 맞추기보다 하나님께 순종하는 쪽을 택했다. 이번에는 종교 지도자들이 모두 모여 정치 지도자들과 이스라엘 시민에게 "이 사람은 죽는 것이 합당하니"[렘 26:11]라고 말했다.

하나님의 섭리로 예레미야는 목숨을 건졌으나 결코 교계의 베스트셀러 작가나 인기 강사가 되지는 못했다. 오히려 한번은 그가 하나님께 받은 예언의 말씀을 기록하여 왕에게 전하자, 여호야김은 말씀이 낭독되는 즉시 두루마리를 태워 버리기까지 했다[렘 36장]. 예레미야의 역작은 재판再版조차 되지 못했던 것이다!

여호야김도 죽고 그의 아들도 단기간 재위하다 죽었다. 그 뒤를 이은 시드기야는 역사상 가장 한심하고 우유부단하고 입발림이 좋은 왕이었다. 이제 예레미야는 그 밑에서 예언해야 했다. 미국 역대 대통령의 최악의 단점만 다 모아 놓고 최고의 장점은 다 빼면 바로 시드기야가 나온다.

시드기야는 예레미야에게 자신과 나라를 위해 기도해 달라고 부탁한다. 하지만 정작 예레미야가 예언하자 왕은 그를 귀갓길에 체포하여 정치적 혐의를 뒤집어씌운다. 예레미야를 가둔 옥은 역겨울 정도로 잔혹한 곳이었다. 그는 성경의 표현으로 "여러 날" 동안 그 웅덩이에 갇혀 있었다렘 37:16. 결국 시드기야를 통해 풀려난 예레미야는 "나를 … 돌려보내지 마옵소서. 내가 거기에서 죽을까 두려워하나이다"렘 37:20라고 탄원했다. 그 옥이 얼마나 끔찍한 곳이었는지 미루어 짐작할 수 있는 대목이다. 시드기야는 마음이 누그러져 예레미야를 감옥 뜰에 있게 해 주었고, 그에게 매일 빵 한 개씩을 주도록 명했다그러니 그전에는 예레미야가 무엇을 먹고 살았을지 누가 알겠는가?.

생각해 보라. 예레미야는 공적인 사역으로 부름 받은 뒤로 자신의 가족들과 종교 지도자들에게 배신당했고, 정부에게 반역자로 지목당했고, 철저히 혼자였고, 충성한 대가로 박해를 받았다. 우리 중에 이런 대우를 받고도 원망을 품지 않을 사람이 누가 있겠는가? 차라리 형통의 복음을 지어내고 싶지 않을 사람이 과연 누가 있겠는가?

하지만 예레미야의 고생은 아직 시작에 불과했다. 현지의 일부 관리들이 시드기야에게 예레미야를 죽일 것을 간청했다. 우유부단한 왕은 누구에게도 싫다는 말을 하지 못했다. "그가 너희 손안에 있느니라. 왕은 조금도 너희를 거스를 수 없느니라"렘 38:5. 그러자 관리들은 예레미야를 구덩이에 달아 내렸다. 이 구덩이는 물을 저장하고 위를 덮어 두던 수조였다. 당신이 그런 좁은 우물 속에 갇혀 있다고 상상해 보라. 바닥은 컴컴하고 공기가 통하지 않는다. 특히 이 수조는 속에 물은 없었지만 온통 진창이었다. 아마 예레미야는 냄새나는 진흙 속에 허리까지 빠진 채 서 있었을 것이다. 사방은 캄캄했고, 아마 벌레와 오물과 악취가 들끓었을 것이다.

결국, 어느 관리가 예레미야를 불쌍히 여겨 시드기야에게 풀어 줄 것을 청했다. 누구에게도 싫다는 말을 할 줄 모르던 왕은 역시 이번에도 동조했다. 예레미야를 진창에서 마른 땅으로 도로 끌어올리는 데 사람 30명이 필요했다. 하지만 거기서 나온 뒤로도 예레미야는 여전히 시위대 뜰에 갇힌 상태였다.

시드기야는 몰래 예레미야를 만나 하나님의 말씀을 들으면서, 그에게 왕을 만난 이유를 적당히 둘러대라고 지시한다. 하지만 끝내 왕은 말씀에 순종하지 않는다. 오늘 우리도 지도자들에 대해 불만이 많겠지만, 그래도 아직 시드기야 같은 인물을 감내할 일은 없었다. 시드기야가 정작 할 일은 하지 않고 엉뚱한 일만 하는 바람에, 결국 예루살렘은 함락되고 주민들은 포로로 끌려가게 된다.

결국, 예레미야의 경고는 무위로 돌아갔다. 그는 이스라엘 동포들과 함께 포로로 잡혀갔다. 예레미야가 받은 기름 부음과 사역의 성과를 현대의 기독교 명사들을 평가하는 잣대로 평가한다면, 그는 철두철미한 실패자가 되고 말 것이다.

예레미야는 최악의 학대를 당하면서도 끝까지 하나님의 종으로 충성했다. 그러니 그 모든 결과가 이 선지자에게 얼마나 낙심이 되었겠는가.

❀ 최후의 그리스도인

'최후의 그리스도인'을 말하는 문맥에서 예레미야의 이야기를 하는 내 요지는 이것이다. 오늘 우리 중에 그런 삶과 사역을 감당할 만한 힘과 인내와 용기를 지닌 사람이 누가 있겠는가? 형통과 안락과 건강밖에 바라지 않는 나약한 그리스도인이라면 불과 2주도 못되어 무너져 버릴 것이다. 과식하는 버릇이 있는 선지자라면 그런 극도의 결핍 앞에 쉽사리 굴복하지 않겠는가? 몸이 유약한 사람은 곤란한 메시지를 전할 수 없고, 성격이 나약한 사람은 가혹한 반응을 당해낼 수 없다.

사도 바울의 경우도 생각해 보라. 그는 결코 약한 사람이 아니었다. 사도행전 14장에 보면 루스드라에서 사람들이 바울을 돌로 쳐서 죽은 줄로 알고 시외로 끌어냈다. **박해자들이** 죽은 줄로 알았을 정도라면 바울의 상태가 어땠겠는가. 그런데 성경에 보면 그들이 떠난 후에 바울이 일어나 그 성에 들어갔다가 "이튿날 바나바와 함께 더베로 가서"행 14:20라고 되어 있다. 이튿날이라니! 더베는 루스드라에서 100킬로미터 거리에 있었다. 몸이 약한 사람이라면 그렇게 회복될 수 없었을 것이다. 바울은 놀랍도록 힘든 사역에 대해 고린도 교인들에게 이렇게 썼다. "오직 모든 일에 하나님의 일꾼으로 자천하여 많이 견디는 것과 환난과 궁핍과 고난과 매 맞음과 갇힘과 난동과 수고로움과 자지 못함과 먹지 못함 가운데서도 … "고후 6:4~5. 식탐을 일삼는 게으른 사람이라면 어떻게 그런 삶을 감당할 수 있겠는가? 바울은 굶주림과 긴긴 시간과 육체적 고통을 견뎌냈다. 온갖 시련이 그야말로 첩첩산중이었다. 다음 번에 교회가 왜 이렇게 나약해졌는지 의문이 들거든 바울의 시련을 생각해 보라.

예레미야와 바울처럼 힘 있는 그리스도인을 기르는 것이 교회의 본분이자 사명이다. 가장 혹독한 박해 앞에서도 무너지지 않을 사람들이 필요하다. 기독교 역사를 보면, 아빌라의 테레사 같은 영적 강골은 자신을 출교시키고 죽이겠다는 협박과 회유가 끊이지 않는 중에도 사명을 수행했고, 잔느 귀용은 비참한 명예 훼손과 사회적 추방을 견뎌냈다.

릭과 케이 워렌 부부, 베스 모어, 에드 영 등 이 시대의 지도자들이 거의 날마다 감수해야 하는 끔찍한 인신공격성 이메일의 내용은 가히 말로 표현하기 힘들다. J. I. 패커의 소속 교단도 그를 교회법에 따라 견책하겠다고 위협한 적이 있다. 그가 용감히 고수한 성경적 입장은 성경의 명백한 가르침에 일치할 뿐 아니라 수천 년에 걸쳐 교회가 받아들여 온 내용에 일치하는 것이었는데도 말이다.

사랑하는 독자들이여, J. I. 패커에게도 닥칠 수 있는 일이라면 결국 우리에게도 닥쳐올 것이다!

알다시피 우리는 나약해졌다. 우리 중 다수는 그런 사회적, 신체적 도전을 결코 견뎌내지 못할 것이다. 어쩌면 대다수일지도 모른다. 영육 간에 강건해져야 내적 힘과 외적 힘이 자랄 수 있고, 고난을 견디려는 의지와 능력도 자랄 수 있다. 그리하여 결과적으로 우리도 예레미야와 바울처럼 주인의 쓰심에 참으로 합당하며 모든 선한 일에 준비함이 될 수 있다.

요하네스 타울러는 이런 감동적인 말을 남겼다.

그런 그리스도인들을 볼 때마다 우리는 다름 아닌 거룩한 삶을 보는 것이다. 그들은 품행과 행동과 전체 생활 방식이 거룩해졌다. 이 고결한 영혼들 덕분에 기독교 세계 전체가 유익을 누린다. 그들은 모두를 떠받쳐 주고, 하나님을 영화롭게 하며, 인류에게 위안을 준다. 그들은 하나님 안에 거하고, 하나님은 그들 안에 거하신다. 그들은 어디서나 칭송받아 마땅하다. 하나님이 우리도 그들처럼 되게 해 주시기를 기도한다.[2]

한 번 더 생각해 보기

1. 당신은 오늘의 교회가 '더 강해져야' 한다는 말에 동의하는가? 왜 그렇거나 그렇지 않은가?

2. 이 시대의 많은 그리스도인은 그리스도 안에 있으면 삶이 더 힘들어지는 게 아니라 더 편해질 거라고 가정한다. 예레미야는 "고통이 계속하며 상처가 중하여 낫지 아니"하는 가운데서도 기도했다. 오늘의 그리스도인도 능히 그렇게 할 수 있다고 보는가?

3. 어떻게 교회는 시험과 박해와 도전의 시기에 대비하여 교인들을 준비시킬 수 있겠는가? 몸의 건강을 그 준비의 한 요소로 생각하는 것이 타당하다고 보는가? 왜 그렇거나 그렇지 않은가?

4. 이 책을 읽으면서 몸의 건강에 더 힘써야겠다는 의욕이 생겼는가? 몸 관리의 중요성에 대한 이해와 확신이 얼마나 깊어졌는가?

맺는 말 | 하나님이 함께 하시니 **꿈**을 크게 가지라

"큰 집에는 금 그릇과 은그릇뿐 아니라 나무 그릇과 질그릇도 있어 귀하게 쓰는 것도 있고 천하게 쓰는 것도 있나니 그러므로 누구든지 이런 것에서 자기를 깨끗하게 하면 귀히 쓰는 그릇이 되어 거룩하고 주인의 쓰심에 합당하며 모든 선한 일에 준비함이 되리라"_디모데후서 2:21~21.

나는 J. I. 패커 박사를 지도 교수로 모시는 복을 누렸다. 하지만 패커 박사를 만나기 전부터도 그는, 하나님을 사랑하는 사람들은 하나님을 위해 큰 일을 시도한다는 글로 대학생인 나에게 도전을 주었다. 유명한 전도자인 드와이트 무디도 사고방식이 비슷하여, 죽기 전에 자기 아들들에게 이런 말을 남겼다.

"하나님이 너희와 함께 일하시니 꿈을 크게 가져라."

어떻게 우리는 경건한 야망과 겸손한 마음을 함께 품을 수 있을까? 성경은 물론이고 사실상 모든 훌륭한 기독교 고전은 우리 모두를 거기로 부르고 있다. 겸손이란 내 힘으로 아무것도 할 수 없음을 인정하는 자세다. 그런데 그리스도의 사랑이 우리를 강권하여 내 힘의 한계를 벗어나게 한다. 그 둘은 서로 협력하여 일한다. 겸손은 영적 야망의 적이 아니라 친구다. 나태하고 수동적인 자세는 겸손이 아니라 영적 덕목을 가장한 게으름일 뿐이다.

복음서를 새로운 시각으로 통독해 보라. 예수께서 **단 하루에** 얼마나 많은 일을 하셨는지 놀라게 될 것이다.

존 웨슬리의 일기를 읽어 보라. 그는 하루에 몇 번씩 설교했고, 적어도 일주일에 한 번씩 출판용 원고를 썼고, 말을 타고 방방곡곡을 다니며 복음을 전했다. 종종 빗속도 마다하지 않았고, 늘 시골길로 늪지와 광야와 오지를 지나다녔다. 그는 지칠 줄 모르는 섬김의 삶을 살았다. 아마 우리는 그의 업적을 **읽는** 일만으로도 진이 빠질 것이다.

아빌라의 테레사의 전기를 읽어 보라. 그녀는 변질된 수녀원과 수도원을 개혁하려는 열정으로, 지칠 줄 모르고 일하며 돌아다녔다. 그러느라 자신의 허약한 몸과 질병은 물론 많은 반대와 박해를 무릅써야 했다.

또한 초창기 YMCA 운동의 지도자였고 드와이트 무디의 가까운 동지였던 스코틀랜드의 헨리 드러몬드의 전기를 읽어 보라. 그는 **하루에 세**

번씩 집회를 조직하여 개최했고, 각 집회 후에는 구도자들과 새로운 회심자들을 진지하게 일대일로 만났다. 드러몬드는 "모든 인생은 하나의 사명이 되어야 한다"[1]고 지혜롭게 가르쳤다.

물론 휴식과 안식일과 휴가도 필요하다. 부지런히 일하는 삶 속에 그런 시간도 들어 있어야 한다. 하지만 전체적으로 우리도 시오도어 루스벨트가 주창한 삶을 지향해야 한다.

> 공로를 인정받아야 할 사람은 실제로 현장에서 뛰는 사람, 얼굴이 먼지와 피땀으로 얼룩진 사람, 과감히 노력하는 사람, 실수와 결점이 없이는 노력도 없기에 계속 실수하고 결점을 드러내는 사람, 실제로 힘써 실천하는 사람, 큰 열정과 큰 헌신을 아는 사람, 가치 있는 일에 온 힘을 기울이는 사람, 최선의 경우에 결국 승리하여 큰일을 이루는 사람, 최악의 경우에 실패해도 적어도 큰일을 시도하다 실패하는 사람이다. 승리도 모르고 패배도 모르는 냉담하고 소심한 사람들은 그런 사람의 자리에 함께 설 수 없다.[2]

이것이야말로 우리가 모두 동경해야 할 삶이 아닌가? 하나님이 우리에게 그렇게 살 수 있는 힘과 능력을 주신다. 울트라마라톤 선수인 딘 카르나제스의 한 친구는 인생을 다음과 같이 묘사했다. 우리도 기독교적 정황 안에서 바로 그렇게 살고자 힘써야 한다.

"인생이란 멀쩡하게 잘 보존된 몸으로 무사히 무덤에 도착하려는 여정이 아니다. 인생이란 철저히 소진되고 다 닳아진 상태로 끽 급정거하여 '와! 정말 대단한 롤러코스터였다!' 라고 외치는 것이다."[3]

마지막 환상

나는 성격상 신비와는 거리가 멀다. 오히려 학구적이고 인지적인 쪽에 훨씬 가깝다. 그런데 썩 내키지 않는 일이었지만, 한번은 기도 중에 내 미래에 대한 환상을 본 적이 있다. 그 환상의 내용이 이 책의 마무리로 딱 맞을 것 같다.

그때 나는 어느 교회에서 주말 세미나에 이어 몇 번의 주일 설교를 마치고 거의 녹초가 되어 있었다. 그 직전에도 이미 긴 한 주간을 보냈고, 다음 주에도 많은 일이 기다리고 있었다. 정말 피곤했다. 게다가 이 모든 수고에 정말 열매가 맺히고 있는지 의문이 들어 약간 낙심도 되었다. 내 저서들은 그런대로 많은 독자를 가지고 있었지만, 출판사가 바라는 것처럼 대박이 터져 대화의 기폭제 역할을 하고 있지는 못했다.

환상 속에서 나는 산 고개를 달리고 있었다. 비가 오고 바람이 불었다. 하늘은 어두웠는데, 점점 더 어두워지고 있었다. 마침 대피소 같은 곳이 있어 들어가 보니 예수께서 친히 나를 반겨 주셨다. 예수님을 '보고도' 내가 놀라지 않았다는 사실이 좀 뜻밖이지만, 아마 그 세계는 본래 그런가 보다.

빗물에 젖어 흙투성이가 된 내 몸은 피가 나고 쑤시고 피곤했다. 틀림없이 아주 먼 길을 달려왔기 때문이었다. 예수님은 나를 반갑게 안으로 들이시더니 손짓으로 의자에 앉게 하셨다. 따뜻한 음료와 먹을 것도 주셨다. 정말 놀라울 정도로 즉시 기운이 되살아났다. 예수님은 내 젖은 신발과 양말을 벗기고 마른 것으로 갈아 신기셨다. 마른 양말과 신발을 신다니 웬 호강인가! 이어 예수님은 내 셔츠를 벗기시고 마른 옷을 주셨다. 마치 천국 자체가 땀과 비에 젖어 축축한 셔츠를 벗고, 보드랍고 뽀송뽀송한 옷으로 갈아입는 느낌이었다.

내가 다 먹고 마시고 나자 예수님은 긁히고 베여 피가 나는 내 다리에 반창고를 붙여 주셨다. 새사람이 된 기분이었다. 이어 예수님은 내 눈을 들여다보시며 자리에서 일어나시더니 뭐라고 놀라운 말씀을 해 주셨다. 그 말씀은 여기서 밝힐 수 없다.

한없이 따뜻하고 아늑하고 인정받는 기분이 들었다. 그때 예수께서 나를 포옹하시며 문쪽을 가리켜 보이셨다. 때마침 문이 활짝 열렸다. 밖을 보니 여전히 비가 내리고 바람이 휘몰아치고 있었다. 그리고 사방은 더욱 어두워지고 있었다. 예수께서 내 등에 가만히 손을 대시며 말씀하셨다.

"자, 게리야, **계속 달려라.**"

나는 새사람이 되어 새로운 힘과 새로운 의욕을 품고 다시 빗속으로 나갔다. 이 글을 쓰고 있는 지금도 나의 경주는 끝나지 않았다. 얼마나 더 계속될지 모른다. 내일 끝날 수도 있고, 1년이나 수십 년이 지나야 할 수도 있다. 오직 하나님만이 아신다. 하지만 이것만은 안다. 이 책을 읽고 있는 당신의 경주도 아직 끝나지 않았다. 하나님이 도중에 수시로 우리를 회복시키시고 새 힘을 주실 것이다. 양분과 휴식의 순간들도 주실 것이다. 하지만 그분은 당신과 내가 계속 달리기를 원하신다. 모든 선한 일에 힘쓰기를 원하신다. 우리는 계속 달려야 한다. 빗속에서도 달려야 하고, 아무리 어두워져도 이 경주를 완주해야 한다.

그리스도인이여, **계속 달리라.**

감사의 말

특유의 편집 실력을 발휘해 준 존 슬로운과 더크 버스마에게 감사한다. 다른 사람들이 반신반의할 때 이 책을 적극 밀어준 마이크 샐리스배리와 톰 딘에게 감사한다. 내 저작권 대리인인 커티스 예이츠를 향한 감사는 날이 갈수록 더욱 깊어진다. 복음 안에서 10년 동안 동역해 온 존더반 출판사의 팀 전원에게 감사한다.

인터뷰에 응해 주고 자신의 말이 책에 실리도록 허락해 준 분들에게 감사한다. 아울러 메리 케이 스미스, 스티브와 캔디스 와터즈, 데브 스타인캠프, 로리 프롤, 버지니아 놀즈, 에릭 존슨, 짐 슈모처, 폴 피터슨, 마크 워렌, 브루스 베커, 랜디 프라이스, 빌 파머, 톰 보몬트, 닉 이판티디스 박사 등 초고를 읽고 평을 들려준 분들에게도 감사한다. 함께 이 주제로 고민하며 나눈 대화는 나에게 엄청난 열매를 가져다주었다.

독자들에게도 똑같이 열매가 풍성하기를 바란다.

주

01. 은처럼 단련된 **영혼**

1. Ed Young, Jo Beth Young, Michael Duncan, Richard Leachman, *Total Heart Health for Men: A Life-Enriching Plan for Physical and Spiritual Well-Being* (Nashville: Nelson, 2007), p.166.

02. 하나님이 지어 주신 **몸**

1. Elton Trueblood, *The Common Ventures of Life* (New York: Harper, 1949), p.16.
2. Carolyn Arends, "Matter Matters," *Christianity Today* 53 (2009년 8월): p.52. www.christianitytoday.com/ct/2009/august/13.52.html?start=1 (2011년 1월 6일).
3. 다음 책에 인용된 글이다. Kenneth Cooper, *Faith-Based Fitness* (Nashville: Nelson, 1995), p.25.
4. 같은 책, p.63.
5. William Law, *A Serious Call to a Devout and Holy Life* (1729; 재판, New York: Paulist, 1978), pp.216~17. (「경건한 삶을 위하여」 크리스챤다이제스트)
6. Ed Young, Jo Beth Young, Michael Duncan, Richard Leachman, *365 Days of Total Heart Health: Transform Your Physical and Spiritual Life* (Nashville: Nelson, 2005), p.14.

03. 끝까지 완주하는 **건강**을 지니자

1. David A. Kessler, *The End of Overeating: Taking Control of the Insatiable*

American Appetite (New York: Rodale, 2009), p.7. (「과식의 종말」 문예출판사)

2. Ed Young, Jo Beth Young, Michael Duncan, Richard Leachman, Total Heart Health for Men: A Life-Enriching Plan for Physical and Spiritual Well-Being (Nashville: Nelson, 2007), p.41.

3. 같은 책.

4. Dr. Kenneth H. Cooper, Faith-Based Fitness (Nashville: Nelson, 1995), p.7.

5. 같은 책.

6. John Calvin, Institutes of the Christian Religion, John T. McNeill 편집 (1559; 재판 Philadelphia: Westminster, 1960), 1. pp.705~6. (「기독교 강요」 기독교문사)

7. Young, Young, Duncan, and Leachman, Total Heart Health for Men, p.41.

04. 예수님이라면 **다이어트** 하실까?

1. Dr. Kenneth H. Cooper, Faith-Based Fitness (Nashville: Nelson, 1995), p.12.

2. 같은 책, p.219.

3. 같은 책, p.222.

4. Haruki Murakami, What I Talk About When I Talk About Running (New York: Knopf, 2008), p.42. (「달리기를 말할 때 내가 하고 싶은 이야기」 문학사상)

5. Dietrich Bonhoeffer, The Cost of Discipleship, R. H. Fuller 번역 (New York: Macmillan, 1963), p.189. (「나를 따르라」 대한기독교서회)

6. Warren A. Kay, Running-The Sacred Art: Preparing to Practice (Woodstock, Vt.: SkyLight Paths, 2007), xi, Kristin Armstrong의 서문.

05. **불공정**한 싸움 : 보여지는 것에 속지 말라

1. 1997년에 시행된 전국 보건 인터뷰 조사의 내용으로 다음 책에 인용되어 있다. R. Marie Griffith, Born Again Bodies: Flesh and Spirit in American Christianity (Los

Angeles: University of California Press, 2004), p.230.
2. 이 부분에 고쳐 실은 일부 개념과 배경은 통찰력 있는 다음 논문에서 영감을 얻은 것이다. John DelHousaye, "Would Jesus Eat a Whopper (with Cheese)?" 이 논문은 2008년 11월 20일 복음주의 신학협회 제60차 연례 모임에서 발표되었다.
3. David A. Kessler, *The End of Overeating* (New York: Rodale, 2009), p.69. (「과식의 종말」 문예출판사)
4. 같은 책, p.125.
5. 같은 책, p.139.
6. 같은 책, p.140.
7. Nanci Hellmich, "Portion Sizes Increase in 'Last Supper' Paintings," *USA Today*, 2010년 3월 23일, 11B. www.usatoday.com/news/health/wightloss/ 2010-03-23-lastsupper23_ST_N.htm (2011년 1월 5일).

06. **비만**은 죄인가? **식탐**이 죄인가?

1. John Chrysostom, "Homily on Philippians 14.3.18-21." 다음 책에 인용되어 있다. *Ancient Christian Commentary on Scripture, New Testament: Galatians, Ephesians, Philippians*, Mark Edwards 편집 (Downers Grove, Ill.: InverVarsity, 1999), 8:263.
2. John Chrysostom, "Homily on the Epistle of Paul to the Corinthians 17.1." 다음 책에 인용되어 있다. *Ancient Christian Commentary on Scripture, New Testament: 1, 2 Corinthians*, Gerald Bray 편집 (Downers Grove, Ill.: InverVarsity, 1999), 7:55.
3. Jerome, "Against Jovinian 2:7." 다음 책에 인용되어 있다. *The Great Sayings of Jesus: Proverbs, Parables and Prayers*, John Drane 편집 (New York: St. Martin's, 1999), p.53.

4. John Climacus, *The Ladder of Divine Ascent*, Colm Luibheid and Norman Russell 번역 (New York: Paulist, 1982), pp.168~69. (「거룩한 등정의 사다리」 은성)
5. 같은 책, p.106.
6. 같은 책, p.159.
7. 같은 책, p.168.
8. Francois Fénelon, *Christian Perfection*, Mildred Whitney Stillman 번역 (Minneapolis: Bethany House, 1975), p.35. (「그리스도인의 완전」 브니엘)
9. Dietrich Bonhoeffer, *The Cost of Discipleship*, R. H. Fuller 번역 (New York: Macmillan, 1963), p.188. (「나를 따르라」 대한기독교서회)
10. William Law, *A Serious Call to a Devout and Holy Life* (New York: Paulist, 1978), pp.191~92. (「경건한 삶을 위하여」 크리스챤다이제스트)
11. Climacus, *Ladder of Divine Ascent*, p.133.
12. 다음 책을 참조하라. R. Marie Griffith, *Born Again Bodies* (Los Angeles: University of California Press, 2004), p.42.
13. John Wesley, *Sermons on Several Occasions* (Leeds: Edward Baines, 1799), p.363.
14. Henry Drummond, *The Ideal Life and Other Unpublished Addresses* (1899; 재판, New York: Kessinger, 2003), p.264.
15. 같은 책, pp.264~65.

07. 비만은 **전염성**이 있다

1. Nicholas Christakis (하버드 의대 의료사회학 교수) and James Fowler (캘리포니아 대학교 샌디에이고 캠퍼스 정치학 교수), "The Spread of Obesity in a Large Social Network over 32 Years," *New England Journal of Medicine* 357 (2007년 7월 26일): pp.370~79.

2. Scott VanLue, with Tom Gill, *Does Health Care, Do You Care?* (Columbus, Ga.: TEC Publications, 2005), p.7.
3. 다음 책에 인용된 말이다. R. Marie Griffith, *Born Again Bodies* (Los Angeles: University of California Press, 2004), pp.2~3.

08. **게으름**, 영성의 숨통을 죄다

1. Julian of Norwich, *Revelations of Divine Love*, Elizabeth Spearing 번역 (New York: Penguin, 1998), p.107. (「하나님 사랑의 계시」 은성)
2. 다음 책에 인용된 말이다. Ugolino di Monte Santa Maria, *The Little Flowers of Saint Francis*, Raphael Brown 번역 (New York: Image, 1958), p.270. (「성 프란시스의 작은 꽃들」 크리스챤다이제스트)
3. Richard Rolle, *The English Writings*, Rosamund Allen 번역 (New York: Paulist, 1988), p.70.
4. Johannes Tauler, *Sermons*, Maria Shrady 번역 (New York: Paulist, 1985), 138.
5. Lorenzo Scupoli, *The Spiritual Combat* (1589; 재판, Manchester, N.H.: Sophia Institute, 2002), p.60. (「심전-영적 전투」 정림사)
6. Jac. Müller, *The Epistles of Paul to the Philippians and to Philemon* (1955; 재판, Grand Rapids: Eerdmans, 1980), p.124.
7. Jonathan Edwards, *Religious Affections*, James Houston 편집 (1746; 재판, Minneapolis: Bethany House, 1984), p.8. (「신앙과 정서」 지평서원)
8. 같은 책, p.168.
9. John Stott, *Guard the Gospel: The Message of 2 Timothy* (Downers Grove, Ill.: InterVarsity, 1973), p.57. (「디모데후서 강해: 복음을 굳게 지키라」 IVP)
10. Scupoli, *Spiritual Combat*, p.61.
11. 같은 책, p.63.

12. Henry Drummond, *The Greatest Thing in the World*, Harold J. Chadwick 편집 (1880; 재판, Gainesville, Fla.: Bridge-Logos, 2005), p.26. (「세상에서 가장 귀한 것」 새순출판사)
13. 같은 책, pp.26~27.
14. 같은 책, p.37.

09. 골골 80세 No! **팔팔 100세** Yes!

1. Dr. Mehmet Oz and Dr. Michael Roizen, "Better Man 2008: Retool, Reboot, Rebuild," *Esquire*, 2008년 5월, p.122.
2. 다음 기사에 인용된 말이다. Dimity McDowell, "Running through the Ages," *Runner's World*, 2008년 3월, p.62.
3. Oz and Roizen, "Better Man 2008: Retool, Reboot, Rebuild," p.122.
4. 다음 기사에 인용된 말이다. Nanci Hellmich, "Quality of Life Improves with Exercise," *USA Today*, 2009년 2월 10일, 5D. www.usatoday.com/news/health/weightloss/2009-02-09-quality-life-exercise_N.htm (2011년 1월 6일).
5. 다음 기사를 참조하라. Kathleen Fackelmann, "Author: Regular Workouts 'Spark' Brain," *USA Today*, 2008년 2월 19일, 12D. www.usatoday.com/news/health/2008-02-18-brain-spark_N.htm (2011년 1월 7일).
6. David A. Kessler, *The End of Overeating* (New York: Rodale, 2009), p.224. (「과식의 종말」 문예출판사)
7. 다음 기사에 인용된 말이다. Fackelmann, "Regular Workouts 'Spark' Brain," 12D.
8. 다음 기사에 인용된 내용이다. Nanci Hellmich, "Obesity Takes a Health-and Financial-Toll," *USA Today*, 2009년 12월 28일, 4D.
9. David Zinczenko, "Feeding the Obesity Epidemic," *USA Today*, 2008년 3월 25

일, 11A. www.usatoday.com/printedition/news/20080325/oplede15.art.htm (2011년 1월 7일).

10. Nanci Hellmich, "Obesity Can Trim 10 Years Off Life," *USA Today*, 2009년 3월 18일, 7D. www.usatoday.com/news/health/weightloss/2009-03-17-obesity-death_N.htm (2011년 1월 7일).

11. 전화 인터뷰로 나에게 직접 한 말이다.

12. 다음 기사에 인용된 내용이다. Nanci Hellmich, "Obese Have Heftier Medical Bills despite Shortened Lives," *USA Today*, 2008년 6월 10일, 6D. www.usatoday.com/news/health/weightloss/2008-06-09-obese-medical-costs_N.htm (2011년 1월 7일).

13. AP 통신, "Researchers Calculate the Real Cost of Being Obese," *USA Today*, 2010년 9월 22일, 6D. www.usatoday.com/printedition/life/20100922/hnb22_st.art.htm (2011년 1월 7일).

14. 다음 기사에 인용된 내용이다. Hellmich, "Obesity Can Trim 10 Years Off Life," 7D.

15. Ralph Venning, *The Sinfulness of Sin* (1669; 재판, Carlisle, Pa.: Banner of Truth, 1997), p.176.

16. 다음 기사에 인용된 내용이다. John Carlin, "The Full Nelson," *Sports Illustrated*, 2008년 8월 18일, 20. http://sportsillustrated.cnn.com/vault/article/magazine/MAG1143996/index.htm (2011년 1월 7일).

10. **근육질 기독교**에서 배우는 교훈

1. 다음 책에 인용된 말이다. Clifford Putney, *Muscular Christianity: Manhood and Sports in Protestant America, 1880~1920* (Cambridge, Mass.: Harvard University Press, 2001), p.1.

2. 같은 책, p.48.

3. 같은 책, p.144.

4. 다음 책을 참조하라. Tony Ladd and James Mathisen, *Muscular Christianity: Evangelical Protestants and the Development of American Sport* (Grand Rapids: Baker, 1999), p.71.

5. 다음 책에 인용된 내용이다. Putney, *Muscular Christianity*, p.30.

6. 같은 책, p.39.

7. 같은 책, p.41.

8. 같은 책, p.50.

9. 같은 책, p.75.

10. Gordon Fee, *The First Epistle to the Corinthians* (Grand Rapids: Eerdmans, 1987), p.94. 엄밀히 말해서 이 인용문은 고린도전서 2장 4~5절에 대한 주해다. 하지만 그 구절들은 우리가 살펴보고 있는 본문 바로 뒤에 나오며, 같은 주제를 다루고 있다. 따라서 나는 피 박사가 이 인용문을 1장 뒷부분에 대한 요약으로도 타당하게 여기리라 믿는다.

11. 다음 책에 인용된 말이다. Putney, *Muscular Christianity*, p.77.

12. 같은 책, pp.116~17.

12. 더 **튼튼**한 몸이 필요한 시대

1. 크리스틴의 말들은 그녀의 책 *Happily Ever After* (New York: FaithWords, 2008)에서, 그리고 2009년 3월에 나와 직접 나눈 인터뷰에서 인용한 것이다.

2. Kristin Armstrong, *Happily Ever After: Walking with Peace and Courage Through a Year of Divorce* (New York: FaithWords, 2008), p.159.

13. **건강한 몸**을 만드는 실제적인 방법

1. Dr. Kenneth H. Cooper, *Faith-Based Fitness* (Nashville: Nelson, 1995), p.34.
2. 같은 책, p.181.
3. 같은 책.
4. 다음 책에 인용된 말이다. Benjamin Cheever, *Strides: Running through History with an Unlikely Athlete* (New York: Rodale, 2007), p.71.
5. 같은 책, p.72.
6. 같은 책, p.192.
7. 같은 책, p.177.
8. George L. Blackburn with Julie Corliss, *Break Through Your Set Point: How to Finally Lose the Weight You Want and Keep It Off* (New York: HarperCollins, 2008).

14. **습관**을 공격하라 : 위대한 경주에서 승리하는 방법

1. Richard Rolle, *The English Writings*, Rosamund Allen 번역 (New York: Paulist, 1988), p.69.
2. John Baillie, *A Diary of Private Prayer* (New York: Scribner, 1949), p.17. (「날마다 드리는 기도」대한기독교서회)
3. 같은 책, p.35.
4. Gary Thomas, *Pure Pleasure* (Grand Rapids: Zondervan, 2009). (「쾌락, 하나님이 주신 순전한 즐거움」CUP)
5. Jim Ryun, *The Courage to Run: Inspiration for Winning the Race of Your Life* (Ventura, Calif.: Regal, 2008), p.118.
6. 같은 책, p.97.

15. **최후**의 그리스도인 : 쓰시기에 합당하게 준비하라

1. Lorenzo Scupoli, *The Spiritual Combat* (Manchester, N.H.: Sophia Institute, 2002), p.106. (「심전-영적 전투」 정림사)
2. Johannes Tauler, *Sermons*, Maria Shrady 번역 (New York: Paulist, 1985), p.90.

맺는말 | 하나님이 함께 하시니 **꿈**을 크게 가지라

1. Henry Drummond, *The Ideal Life and Other Unpublished Addresses* (1899; 재판, New York: Kessinger, 2003), p.299.
2. Theodore Roosevelt, *The Wisdom of Theodore Roosevelt*, Donald J. Davidson 편집 (New York: Citadel, 2003), p.48.
3. Dean Karnazes, *Ultramarathon Man: Confessions of an All-Night Runner* (New York: Penguin, 2005), p.263. (「울트라마라톤 맨」 해냄)

DEW와 기학연이 통합하여
(사)기독교세계관학술동역회가 되었습니다

●

21세기는 바른 성경적 가치관 위에 실천적 삶을 살아가는
그리스도의 제자를 필요로 합니다!

■ 사단법인 기독교세계관학술동역회

80년대부터 기독교 세계관적인 삶과 학문을 위한 사역을 해오던 DEW사.기독학술교육동역회와 기학연기독교학문연구소이 2009년 5월 통합하였습니다. 통합과 함께 기존 사단법인의 명칭을 "사단법인 기독교세계관학술동역회"이하 동역회로 변경하였습니다. 동역회는 통합으로 인한 시너지 효과를 가지고 두 단체의 기존의 사역을 심화 확장시키게 될 것입니다.

● 세계관 운동

삶과 학문의 모든 영역에서 예수 그리스도가 주인이심을 고백하고, 하나님의 말씀대로 생각하고 적용하며 살도록 돕기 위한 많은 연구 자료와 다양한 방식의 강의 패키지들을 준비하고 있습니다. 특히 삶의 각 영역에서 만날 수 있는 문제들에 대한 대안을 찾을 수 있도록 세계관 기초 훈련, 집중 훈련 및 다양한 강좌들을 비롯하여 〈소명 캠프〉, 〈돈 걱정 없는 인생 살기〉 등 캠프와 세미나가 준비되어 있습니다.

기독미디어아카데미_ 지성과 영성을 겸비한 기독언론인 양성을 위한 전문인 양성 과정을 개설하고 있습니다.

● 기독교학문연구회

학술대회_ 두 단체의 통합으로 명실공히 기독교의 대표적인 학회로서 기독교적 이념에 입각한 학문 연구를 심화, 활성화 시키는 것을 목표로, 매년 1~2회 학술대회를 개최합니다.

학 술 지_ 〈신앙과 학문〉 : 학술진흥재단 등재지로서 연구 성과를 인정받을 수 있습니다.

〈통합연구〉 : 주제별 특집으로, 시대의 이슈에 대한 기독교적인 조망을 합니다.

● VIEW 밴쿠버기독교세계관대학원

VIEW는 1998년 11월 캐나다 밴쿠버의 Trinity Western University(TWU), 캐나다연합 신학대학원(ACTS)과 공동으로 기독교세계관대학원 프로그램을 개설하기로 합의하고 1999년 7월부터 정식 강의를 시작했습니다. 기독교 세계관 석사(MACS) 과정과 기독교 세계관 준석사(Diploma) 과정을 운영하고 있으며, 2006년부터는 VIEW국제센터에서 다양한 연수 프로그램(교사 창조론, 지도자세계관 학교, 청소년 캠프)을 개최하고 있습니다.

● 도서출판 CUP

"물이 바다를 덮음 같이 여호와의 영광을 인정하는 것이 세상에 가득"한 그날을 꿈꾸며, 예수님이 주인 되시는 삶과 문화를 비전으로 출판하고 있습니다.

■ 소식지 및 웹진_ 격월간으로 사회의 이슈 및 삶의 적용, 동역회 소식, 모임 안내 등 다양한 읽을거리를 제공하는 소식지 〈WORLDVIEW〉를 발간하고 있으며, 보다 긴밀한 소식을 위해 웹진을 보내드리고 있습니다. 웹진은 신청하시면 누구나 보내 드립니다.
■ 동역회에 가입하시면 삶과 학문의 전 분야에서 하나님의 주권과 그 영광을 확인하고 회복하는 일에 동참하실 수 있습니다. 후원회원이 되시면 연 4회 출판되는 학술지 〈신앙과 학문〉, 매월 발행되는 소식지 〈WORLDVIEW〉, 연회 CUP의 신간을 받아 보실 수 있으며 홈페이지에서는 다양한 강좌와 자료들을 통해 기독교 세계관적 관점을 정립하실 수 있습니다.
■ 동역회 사역에 대한 더 자세한 정보를 원하시면
  (140-909) 서울특별시 용산구 이촌동 212-4 한강르네상스빌 A동 402호
  사무국(☎. 02-754-8004)으로 연락 주시면 친절히 안내해 드립니다.
  E-mail_ info@worldview.or.kr
  Homepage_ www.worldview.or.kr

■CUP 연락처_ ☎. 02)745-7231 fax.02)745-7239 cup21th@hanmail.net
  (140-909) 서울특별시 용산구 이촌동 212-4 한강르네상스빌 A동 102호
  블로그_ www.cupbooks.com

CUP는 사)기독교세계관학술동역회의 출판부입니다. CUP는 다음 분들이 돕고 있습니다.
출판국장_ 유정칠(경희대 교수)
출판위원_ 김건주(문화기획자, 전 국제제자훈련원 출판디렉터), 김승태(예영커뮤니케이션 대표),
  오형국(성서유니온 총무), 최태연(백석대 교수)